黑龙江省高等教育教学改革项目（高校优秀中青年思想□
目）"数字化时代高校思政课与信息技术深度融合的研究□
黑龙江省哲学社会科学研究规划项目"人工智能嵌入高□
研究"（20KSC181）
牡丹江师范学院教学改革一般项目"跨越代际差异：新文科视域下高校思想政治理
论课教学改革创新"（21-XJ21029）

大数据背景下
高等教育教学信息化研究

DASHUJU BEIJINGXIA
GAODENG JIAOYU JIAOXUE XINXIHUA YANJIU

石海泉　杜仕途◎著

经济管理出版社
ECONOMY & MANAGEMENT PUBLISHING HOUSE

图书在版编目（CIP）数据

大数据背景下高等教育教学信息化研究/石海泉，杜仕途著 . —北京：经济管理出版社，2023. 10

ISBN 978-7-5096-9371-1

Ⅰ.①大…　Ⅱ.①石…②杜…　Ⅲ.①高等教育—信息化—研究—中国　Ⅳ.①G649.2

中国国家版本馆 CIP 数据核字（2023）第 204451 号

组稿编辑：张馨予
责任编辑：张馨予　康国华
责任印制：黄章平
责任校对：陈　颖

出版发行：经济管理出版社
　　　　　（北京市海淀区北蜂窝 8 号中雅大厦 A 座 11 层　100038）
网　　址：www. E-mp. com. cn
电　　话：（010）51915602
印　　刷：唐山昊达印刷有限公司
经　　销：新华书店
开　　本：720mm×1000mm/16
印　　张：14. 5
字　　数：236 千字
版　　次：2023 年 12 月第 1 版　　2023 年 12 月第 1 次印刷
书　　号：ISBN 978-7-5096-9371-1
定　　价：98. 00 元

前　言

　　当下社会是一个高速发展的社会，科技发达，信息畅通，人们之间的交流越来越密切，生活也越来越方便，大数据就是这个背景下的产物。大数据是运用新系统、新工具、新模型对大量、动态、能持续的数据进行挖掘，从而获得具有洞察力和新价值的信息。以前，面对庞大的数据，我们可能无法了解到事物的真正本质，导致在科学工作中出现错误的推断，而伴随大数据的来临，一切真相将会展现在大家面前。《教育信息化十年发展规划（2011—2020年）》明确指出："高等教育信息化是促进高等教育改革创新和提高质量的有效途径"，并提出"以学习方式和教育模式创新为核心，以体制机制和队伍建设为保障"的教育信息化发展指导思想。显然，在现代信息技术深入广泛应用的大背景下，信息化这一源于科技范畴的概念正深刻影响着高等教育的办学机制，不仅带来了新的发展机遇，也提出了新的重大课题。在以教育信息化带动教育现代化的教育改革趋势下，与信息化办学机制相适应的教学效率的提高和知识传播渠道的拓宽已成为提升高校核心竞争力的重要途径。

　　以互联网为核心的新一轮科技和产业革命蓄势待发，人工智能、虚拟现实等新技术将给人们的生活带来革命性变化。自21世纪以来，信息技术的发展突飞猛进，应用更加普及，已经深入人类社会的每一个角落，从宏观、中观及微观层面对人们的工作、生活、学习等方式产生了颠覆性的影响。尤其是云计算技术、大数据技术、物联网技术、移动互联网技术及人工智能技术的交叉融合，产生了新经济、新业态、新领域和新服务的革命性变化。物联网技术与移动互联网技术实现了万物间的互联互通，为大数据产生与传输提供了"土壤"；云计算技术为大数据收集、处理和分析提供了强大的存储空间和运算能力；大数据技术则为大数据收集、存储、清洗、抽取、分析和可视化提供了技术支撑；人工智能技术诞生于20世纪50年代，在大数据环境下获得了突破性进展，为人类工作、生活和学习提供了自动化、精准性、智能化的流程、管理和服务。《国家中长期教育改革和发展规划纲要（2010—2020年）》明确指出："信息技术对教育发展具有革命性影响，必须予以高度重视。"

全书共六章，第一章是绪论，是对高等教育信息化的简要论述；第二章是高校高等教育教学信息化建设，对高校高等教育教学信息化现状、信息化建设之路进行了介绍；第三章是大数据背景下高校高等教育教学信息化设计与模式，对高等教育教学信息化设计与模式进行了论述；第四章是大数据背景下高校高等教育教学信息化平台建设，对微课教学设计、慕课教学、云计算移动课堂教学进行了论述；第五章是高校高等教育教学信息化评价与教学信息安全，对教学评价、教学信息安全进行了论述；第六章是人工智能与现代高校高等教育信息化融合创新发展，对人工智能在现代高等教育中的应用现状、教育要素、主体要素，以及人工智能在现代高校高等教育应用中的特征与趋势进行了介绍。

本书内容全面、结构清晰，涵盖了大数据背景下高等教育教学信息化的各个方面。笔者多年来一直致力于大数据背景下高等教育教学信息化的研究，不断探索大数据背景下高等教育教学信息化的方向，以及发展过程中如何紧跟其脚步不断追求、探索大数据背景下高等教育教学信息化的新途径。书中有笔者多年来的教学经验，参考了相关领域的文献资料，力求内容翔实，以满足多层次读者的需求。

本书由石海泉老师和杜仕途老师共同撰写完成，其中，石海泉老师撰写了第三章至第五章的内容，杜仕途老师撰写了第一章、第二章和第六章的内容。在本书的撰写过程中，笔者参考了相关领域的资料，同时得到了许多专家学者的帮助和指导，在此表示真诚的感谢。受笔者水平所限，书中难免存在疏漏之处，希望同行学者和广大读者予以批评指正，以求进一步完善。

目　录

第一章　绪论

如今，互联网已经渗透到千家万户，数据也通过这普及率极高的互联网畅通无阻地传输，无处不在的社交网络、移动物联产生了难以想象的海量数据，大数据就是在这样的环境下孕育和发展起来的。当下火爆的云计算、大数据给我们带来了新的商业变革，而这一切都只是刚刚开始。在大数据背景下，我们首先需要改变的就是在小数据背景下形成的根深蒂固的思维方式，转变了思维方式，新的、更大的商业变革就会随之而来。另外，在大数据背景下，我们摒弃了在小数据背景下由于科技局限造成的只能以"小"间接看到"大"的无奈，变革了小数据背景下简单因果关系和从部分到整体的"以小见大"的思维方式。在全样本分析基础上，我们站在小数据永远无法达到的高度，在这样可以俯瞰一切的高度上，我们开始关注细节，开始更多地对相关关系进行探寻，而不仅仅是对经典因果关系的渴求。在大数据背景下，探寻相关关系足以让我们对事物进行预测，同时，关注"是什么"而不追问"为什么"也是一种新的认识世界的途径。

第一节　大数据背景概述

数据和信息都是比较新颖的战略资源，在数字环境下一个国家的综合竞争力也包括对数据和信息内容的组织与服务能力，很多发达国家和地区都将管理数字信息资源和服务能力提升到国家战略的高度。然而，在国际上，"大数据"概念真正从市场行为上升到国家科技战略，是因为 2012 年 3 月 29 日奥巴马政府提出的一项研究和发展大数据的先导计划。大数据的到来也给发展中国家带来了许多发展机会，但随之而来的还有挑战，因为发展中国家在经济和人力资源方面比较欠缺，科技基础建设尚不完善。

一、大数据的概述

（一）大数据的概念和特征

1. 大数据的概念

大数据，简而言之，就是数据集，常规意义上的数据存储和管理工具难以对其进行处理和分类。大数据规模庞大、数据传输速度快、多元化特征明显。通过互联网平台进行活动的时候会产生一些数据信息，如图片、文字、视频等，都是常见的数据类型。大多数计算机系统会产生一些数据信息，文件、数据库、多媒体等都是常见的数据表现方式。利用现代高科技产生和获取的信息，如摄像头数字信号等，也是数据信息的表现类型。总之，大数据就是依托互联网平台产生的数据集，其具有大规模、高速度、多元性的特点，需要利用计算机网络技术对其进行存储和处理。

大数据是一种全新的用于解决问题的技术，海量数据问题通过传统的数据技术是无法解决的，但是大数据技术可以。关于大数据的定义可谓众说纷纭。大数据是一种集合概念，包含的数据类型繁杂、结构复杂且数量巨大，可使用云计算来处理数据，其服务能力是通过挖掘数据并整合共享而形成的。云计算是一种强调资源共享的服务，将资源集中起来进行动态配置，强调专业分工的重要性，这和传统的数字信息资源技术有很大的区别。可以说，云计算对不同信息技术产业链之间的合作起到了很大的推动作用，实现了彼此之间的资源聚合、信息共享及相互配合，使我们更快地走向了面向服务的计算背景。因此，云计算和信息资源共享之间的联系非常紧密，作为一种全新的网络资源共享模式，它在共享网络信息资源方面的优势是非常明显的。

2. 大数据的特征

大数据具有 4V 特征：一是规模性（Volume），指企业面临着数据量的大规模增长。二是快速性（Velocity），指的是数据被创建和移动的速度惊人，创建和利用实时数据流已成为流行趋势。据 IMS Research 预测，到 2020 年全球将拥有 220 亿部互联网连接设备。三是多样性（Variety），多样性的数据主要由新型多结构数据和网络日志、社交媒体、互联网搜索、传感器网络等产生的数据类型构成。四是价值性（Value），指对未来趋势与模式的可预测分析、深度复杂分析，剔除掉大量的不相关信息。

（二）大数据产生的原因

1. 数据本身

大数据是一直存在的，只是原先不为人们所存储与利用。每天都有海量的数据产生，波音喷气发动机每 30 分钟就会产生 10TB 的运行数据，如果安装 4 台发动机，每次飞越大西洋就会产生 640TB 的数据。但是有一个区别，现在的数据大量产生于互联网。

2. 硬件发展

硬件设施的发展使计算机的性价比得到巨大提升，集成半导体芯片的发展使 CPU 处理性能飞速提升，同时磁盘价格明显下降，这为大数据打下了基础。

3. 软件发展

Hadoop 是一个能够对大量数据进行分布式处理的软件框架，它已经成为了目前大数据浪潮的重要推动力。如果没有 Hadoop，可能就没有大数据。

4. 云计算技术

云计算与大数据的关系是静与动的关系。云计算强调的是计算，数据则是计算的对象，前者强调计算能力，后者看重存储。可见，云计算与大数据的关系很紧密。

（三）大数据带来的发展机会

1. 大数据产业

大数据产业链条包含了数据生成、数据处理和数据展示等多个环节，数据处理结果的应用催生了数据科学家。全球 IT 巨头纷纷通过收购大数据相关厂商来实现技术整合，可见各国对大数据战略布局的重视。

2. 传媒

大数据分析让传媒广而告之的能力得到提升，商品推销更具个性化和针对性。比如，淘宝会根据客户一直以来的商品浏览和购买记录，针对性地推荐产品。

3. 商业

商家可以根据顾客的购买记录来分析顾客的购买行为，从而找到最优方案。例如，沃尔玛在对消费者购物行为进行分析时发现，男性顾客在购买婴儿尿片时，会顺便搭配几瓶啤酒，于是采取了将啤酒和尿布摆在一起的促销手段，这个举措使销量大增。

4. 教育

大数据给人们带来了学习方式的转变，使其足不出户就可以享受应有尽有的学习资源。现在的慕课（MOOC）实现了一种高端的知识交换，可用于专家培训，学科间的交流学习及特别教育的学习模式等任何学习类型的信息都可以通过网络传播，让每个人都能免费获取来自名牌大学的资源，并且可在任何地方、用任何设备进行学习。

5. 医疗

大数据分析可以提前预料并精准诊断，其带来的数字医疗也可以对人们进行实时的身体健康跟踪。

6. 政府行政

政府通过大数据分析民众的行为与意愿，体察民情、为民服务、获得民心，从而使行政工作更科学、民主、高效。

7. 科技

在科技领域，对收集的以往数据进行大数据分析有助于后期科学的预测，如地震、天气预报、行星运动轨迹等。日本大地震发生后，专家通过分析海量的数据，仅用 9 分钟就发布了详细的海啸预警，这些信息关乎生命，可以拯救生命。

（四）大数据安全与隐私保护的必要性及挑战

1. 个人隐私泄露带来的信息安全隐患

大数据时代的到来有利有弊，大数据信息处理不当，会给用户带来隐私泄露的风险。当前，大数据逐步应用于各行各业，经常出现信息公开发布的情况，涉及用户地理位置、姓名等一系列信息资源。在大数据背景下，通过对客户基本信息的存储和搜索，能够将客户信息扩大化。例如，在大数据背景下，知道某人的姓名和消费习惯，可以通过数据搜索发现用户的政治观点等信息。虽然在很多时候会对个人信息进行一定程度的匿名处理和信息保护，但是公开发布后的匿名信息仍然有迹可循，甚至能够通过蛛丝马迹精准定位到某个人。当前，在大数据背景下用户信息的搜集和存储仍然缺少相关的管理章程，监督体系不完善，用户个人信息泄露的情况极为严重，很多用户缺乏个人信息保护意识，这可能会带来极大的经济损失。

2. 大数据可信性有待考证，可能带来决策失误

随着大数据时代的到来，很多事情的发展规律跃然纸上，很多人开始盲目相信数据，但是大数据的可靠性来源于数据信息的可信性，如果数据信息的整理和存储存在欺骗，就会导致信息数据错误，进而对人们产生错误的指导，得出错误的结论，做出错误的决策。由于大数据规模庞大，信息极多，很多错误的、伪造的数据信息掺杂在大数据库中，并随着数据信息的传播扩散开来，速度极快，一旦传播就会产生或大或小的影响。与此同时，数据信息的传播缺少必要的安全保护措施，导致误差严重的数据信息得不到有效的检验，偏差严重，影响了结果的准确性，致使所得的数据信息不能反映客观真实情况。因此，强化数据传播、存储、搜集等过程中的监督和管理极为必要。

3. 大数据隐私保护技术欠缺，大数据的弊端越来越明显

在大数据背景下，很多现实情况都是通过大数据信息反映出来的，大数据信息传播的高速度使得大数据信息的应用范围越来越广泛。但是，对于大数据信息资源的监管仍然存在一些缺陷和漏洞，监管力度不足，数据信息的利用价值降低，弊端愈发明显。大数据在信息数据的保护方面技术支持不足，手段创新度欠

缺，很多数据信息在传输过程中受损，保护力度不足，导致信息丢失，影响企业、社会的稳定发展，带来了恶劣的负面影响。

（五）加强大数据安全与隐私保护的方法和措施

1. 促进大数据保护技术的创新和灵活应用

大数据保护技术是大数据安全与隐私保护的直接载体，能够保证数据信息在数据库领域范围内得到有效的存储和处理。在现代科技快速发展的条件下，强化大数据安全与隐私保护，加强大数据保护技术的创新极为必要，不仅能够细化数据信息的来源和记录，而且能够具象化数据符号，及时对数据信息进行标记和核实检测，高度还原真实数据信息。随着大数据时代的到来，很多情况下都需要用户再三确认身份信息，提升数据信息保护技术能够实现最大化保护用户隐私的目的，减少不必要的麻烦和负面影响，避免给用户带来较大的经济损失和人身财产安全隐患。

2. 正确利用大数据技术，抵抗不良数据垄断

随着数据时代的到来，很多企业、个人都认识到了数据信息的重要性，作为创新的源泉和执行的基础，加强大数据安全与隐私保护极为重要。一些数据大亨利用拥有的数据信息资源进行不良操作和恶性违规操作，控制了很多信息的传输和存储，影响了人们的正常生活和信息的有效利用，阻碍了大数据技术的发展。推进数据信息的正确利用，抵抗数据垄断势在必行，只有这样才能将数据信息放置在一个公平合理的竞争平台，充分利用大数据的优势为社会大众谋福利，避免数据信息的违规使用带来不可避免的恶性影响。

3. 加强对社交网络中数据信息的全面监督

随着大数据时代的到来和互联网技术的快速发展，社交网络作为一个重要的社会产物成为人们沟通与交流的纽带，很多人活跃在社交媒体上，强化数据监管极为必要，对匿名的社交媒体信息要进行社交网络匿名保护，充分利用现代科技的力量保护个人信息的安全，避免可能的信息泄露带来的巨大经济损失。社交网络具有汇聚和交流的作用，彼此间不可避免地会出现信息的交流和传输，要加强对社交内容的全面监管，全面保护信息的安全，避免信息被不怀好意的人利用，

给社交主体带来极大的人身和财产伤害。加强社交网络中数据信息的全面监督，需要基于社交实际发展状况和大数据安全保护技术普及度，提高监督的全面性和针对性，进而提高监督效果。

大数据时代的到来为人们的生产和生活提供了更为广阔的发展空间和便利，与此同时，大数据安全与隐私保护的重要性也逐步凸显出来，成为社会普遍关注的重点。大数据时代面临的挑战较大，我国对大数据安全的保护力度不够，因此大数据安全与隐私保护技术有待提高。此外，还要为大数据安全与隐私保护提供良好的发展空间和法律保护，以提高大数据安全与隐私保护的全面性和针对性。大数据影响着经济、政治、文化、教育等多方面，面对大数据，我们应该把握机遇，迎接挑战。大数据帮助人们开启循"数"管理的模式，这也是当下"大社会"的集中体现。三分技术，七分数据，得数据者得天下。

二、大数据背景下的技术探究

随着大数据时代的到来，计算机信息技术得到了良好的发展机遇。计算机信息处理技术在大数据背景下面临着海量的数据信息，大数据在转移计算机数据信息的同时，提高了计算机信息处理的效率和水平，完善了信息采集、加工等技术项目，凸显了大数据背景下计算机信息处理技术的优势。

（一）大数据时代信息处理技术的关键环节

大数据时代为计算机信息处理技术提供了应用和发展的条件，进而拓宽了技术的应用领域。基于大数据的计算机信息处理技术可以分为三类，具体如下：

1. 数据存储

大数据背景下的计算机网络需要存储大量的信息数据，这促使信息数据表现出了多元化、丰富化的特征，在实际大数据中也有海量的虚拟信息，导致数据信息的存储量和计算机数据信息的容量处于不断扩大的状态。因此，计算机信息处理中的数据存储要适当地提升标准和要求。在计算机信息处理中，传统的数据存储容量并不大，存储技术在规定的存储量和存储速度作用下，基本满足了用户的需求。在大数据背景下，原有的数据存储已经不能满足容量与速度的需求，信息处理技术无法承载信息的负荷量，必须根据大数据的特点，扩大数据存储的容量，引进新的存储技术，积极提高存储容量与速率。

2. 信息采集、加工及传输

大数据背景下计算机信息处理中的采集模块是指获取并加工信息的过程。大数据中虽然包含海量的信息，但是仍旧存在无用的信息，计算机信息采集技术可以在大数据环境中选出有用的信息。在进行信息采集时，要先在海量的数据中选择出重要的数据信息，再归类此部分信息，采集技术要具备全面、动态的监控作用，有效地筛选出大数据中的信息。采集后要进行数据加工，区分采集数据的类型，分类之后，传输技术把数据信息传输到用户终端。采集技术是计算机信息处理技术的重要部分，在大数据背景下发挥着关键作用，选择有效可用的数据，发挥计算机信息处理的作用。

数据处理的第二个环节即是信息的加工与处理，根据数据自身的特点对数据进行分类、存储。然后，在数据传输环节通过采用不同的技术方式，将用户需要的数据发送到各自的终端，从而实现数据的无缝传送及数据的最终利用。

3. 安全维护

大数据背景下的各项计算机信息并不是独立存在的，而是相互关联和影响的。信息之间的相互联合虽然为用户提供了诸多便捷，但是也引发了一个问题，就是一个类型的数据发生问题后，会牵连更多的数据，诱发数据风险。要针对大数据背景下的计算机信息处理技术，落实安全维护应用措施。计算机信息处理应严格按照安全技术执行，依照大数据的状态构建信息安全体系，专门管控大数据背景下计算机信息处理技术的应用。信息安全体系要采用防火墙、入侵检测等技术，保障大数据中各项信息的安全，在原有安全技术的基础上，还要积极开发新的安全技术，跟上大数据的发展速度。

为了保证在大数据背景下所有信息处于安全的环境，需要运用对应的信息安全处理技术。当前，为了保证数据安全，主要从以下几个方面着手处理：

（1）形成完善的计算机数据信息安全体系，通过增加与数据信息安全相关的人才培养来构建信息安全体系，这是确保数据信息安全的必要方式。

（2）加大对大数据信息安全技术相关产品的投入，因为传统的信息安全技术产品已经不能够完全解除当前大数据背景下数据所面临的安全威胁，所以需要加大对相关数据安全技术产品的投入，发展新的数据安全处理技术。

（3）加大对关键数据的处理和检测深度，因为大数据的信息量巨大，需要对每个数据进行检测，所以必须对重要的数据进行检测。

（二）大数据背景下的计算机信息处理技术

1. 数据感知及获取

DeepWeb技术是一种网络深层空间技术，其处理的数据具有数据规模大、动态变化频率高及分布范围广的特点。DeepWeb技术可以对数据进行充分的利用，通过高效的数据集成完成数据的抽取及整合处理，实现数据的动态处理与综合利用。

2. 分布式数据存储

分布式数据处理及存储技术是谷歌（Google）公司提出的，该技术在百度、国际商业机器公司（IBM）等数据公司得到了广泛的应用，并得到了持续的发展。该技术通过利用列存储的基本概念，将数据以列为基本单位进行存储，并将其进行压缩操作，通过快循环等操作方式，实现数据在各个服务器之间快速的传递与处理。这种方式能够显著地改善当前行列混合式的数据存储结构，能够在短时间内在结构中加载大量的数据，缩短数据的查询与处理时间，使磁盘空间的利用效率得到提高。

3. 数据高效索引

Google公司提出的Big Table技术是网络数据索引技术。索引是信息处理中不可缺少的路径，表现为动态索引的应用方式。常见的索引技术有互补式聚簇索引、聚簇索引，计算机信息处理技术中的索引应用使数据能够严格按照索引的路径存储到指定的位置。聚簇索引及互补式聚簇索引技术实现了数据的动态索引。其中，聚簇索引是基于索引顺序将所有的数据结构进行存储；互补式聚簇索引则是通过将多个副本作为索引列，以相互补充的方式进行索引，并将查询结果与估算方式结合起来，实现数据的最优查询与规划。

4. 基于信息内容的数据挖掘技术

基于信息知识内容的数据挖掘技术主要包括网络信息搜索技术及实体关联技术两种。当前,互联网中的信息搜索技术主要采用的是排序算法,将社会媒体的信息量作为媒体关注数据的基本特点,以此为样本对数据进行处理,通过该算法对数据进行排序,逐点、逐对、逐列进行操作。该种算法是基于遗传算法及神经网络算法发展起来的,通过借鉴生物界的进化和发展规律进行信息搜索,能够满足多平台支持需求。

5. 数据接口

ALE-Idoc 接口技术将 SAP 系统作为数据支撑基础,主要为所有 SAP 系统之间的中间环节提供完整的数据接口,确保分布在不同空间的系统之间建立起高效联系,最终使系统之间的关联性得到增强。通过该接口技术中的 ALE 处理,能够实现异步传输或同步传输,便于对分布式数据进行集中化管理,实现各个 SAP 数据库之间相关联数据的同步服务。在同步的过程中,通常使用的数据格式为 Idoc 格式,该种格式可以保证数据的完整性,以使各个 SAP 系统之间的数据具有可识别性,同时能够在各个系统之间通用。Idee 结构包括数据控制头、数据段及状态记录等几个关键部分。其中,数据控制头主要是对同步的数据控制内容及数据的作用进行描述;数据段则需要同步数据所包含的内容,在具体的生成过程中是基于标准格式得到的;状态记录则是 Idoc 数据生成和产生的数据记录。

在使用 ALE-Idoc 技术进行互联网数据处理过程中,需要采用的主要方式包括:系统间数据输出功能启动、Idoc 数据的获取、ALE 服务层数据的传输、数据的接收和应用。ALE-Idoc 技术能够实现外部系统中 Idoc 数据的即时输入及对应格式的标准转换,ALE 服务层中 Idoc 数据的写入、存储、显示等功能。综合分析,在大数据背景下互联网要求计算机信息处理技术注重规范性,将技术合理应用到网络数据处理中,把控数据的传输、接收等,规范计算机信息处理的内容,准确地在用户终端显示所需的信息,体现大数据背景下计算机信息处理技术的作用和价值。

（三）大数据背景下计算机信息处理技术的机遇与挑战

1. 大数据背景下计算机信息处理技术的机遇

伴随着计算机网络普及程度的提高，其在各行各业都获得广泛的应用，从而产生了大数据，在大数据最开始的处理过程中，我们虽然仍面临着较大的难度，但是随着技术的不断革新，新理念、新方法的采用，最终取得了很好的处理效果。另外，实践也证明，在高校中应用大数据信息处理技术，对于高校的进一步精细化管理具有非常重要的意义。同时，在这种情况下，高校的成本也得到了进一步降低，使其能够轻装上阵，不断增强自己的核心竞争力。大数据在教育行业的应用也能够取得异曲同工的效果，如通过收集广大学生的喜好，能够更好地做到因材施教，继而明显提升教学效果，使每个学生都能够获得全面发展的机会。

2. 大数据背景下计算机信息处理技术的挑战

通过上文的分析我们能够发现，大数据时代的到来为我国各行各业带来很多的发展机遇，但同时也让人们面临着一定的挑战。具体来说，主要表现在如下几个方面：一是海量的数据给数据的存储技术、存储空间及传输技术、资源的消耗带来了新的挑战；二是大数据背景下的计算机信息处理技术对用户、企业的隐私保护和计算机信息安全提出了更高的要求；三是给网络运营商的硬件及海量数据的信息处理能力带来了更大的挑战。这些都需要在未来的发展过程中有效解决。

（四）大数据背景下计算机信息处理技术规划的方向

大数据背景下计算机信息处理技术面临着很大的发展压力，应在以下三个方面规划技术的发展方向：①大数据背景下计算机信息处理技术的高效应用应该注重多项技术的结合，积极引入压缩技术、传输技术等，满足大数据的多样化需求，促使信息具备高效的检索能力，进而推进计算机信息处理技术的良好发展；②根据大数据背景下计算机信息处理技术的发展状况，落实安全管理，并且积极发展安全管理措施在信息处理技术中的应用，避免计算机的用户端受到威胁或攻击；③在大数据和互联网背景下，应做到计算机信息处理技术的优化发展，简化计算机信息处理的过程，保障计算机信息处理技术的高效性，积极挖掘技术潜力，提高计算机信息处理技术的水平。

大数据技术的运用打破了计算机信息中的技术限制，主导了计算机信息处理技术的发展。计算机信息处理技术在大数据的带领下规划了云计算网络，实现了大数据与计算机信息处理技术的结合，关注了计算机信息技术的整体性应用，完善了计算机信息的处理环境，强化了计算机信息处理技术在大数据中的规范性。因为计算机的发展会受到硬件条件的限制，而且计算机网络建设过程中还存在各种局限性，所以需要将当前的计算机网络逐步向云计算机网络的方向发展，这也是当前大数据背景发展的整体趋势。未来计算机的网络建设及相关理论是将计算机的硬件终端与网络数据相分离，并将当前的云计算逐步转化为云计算网络，并最终建成计算机与信息网络相结合的大数据网络系统，使两者在计算机网络系统中能够相互紧密地结合起来，形成一个持续发展的整体。

大数据时代的来临，需要计算机技术不断发展和完善，这样才能更好地满足人们对信息数据的需求。只有全社会共同努力，参与到计算机信息处理技术的发展和研究中，才能保证计算机更好地为社会提供更安全的服务。

三、大数据背景下的思维变革

随着大数据时代的来临，人类的思维方式将产生巨大的改变，因此我们必须从以往的小数据思维迅速转换成大数据思维，以适应这场急速的变革。大数据思维具有整体性、多样性等特征，从本质上来说，它是一种复杂性思维。大数据思维获得了技术上的实现，因而影响更加深远。

大数据如今成了一个火热的词汇，成了各行各业的人们热烈谈论的话题。种种迹象表明，大数据向我们扑面而来，世界正急速地被推入大数据浪潮中。因此，许多有识之士都呼吁要热情拥抱大数据时代。随着大数据时代的来临，我们的生产、生活、工作和思维方式等诸多方面都将发生大变革，我们将一改往日的小数据思维和眼光，迅速以大数据思维和视角来看待世界，看待社会和生活。

（一）大数据引发思维变革

所谓思维方式，就是我们大脑活动的内在程序，是一种习惯性的思考问题和处理问题的模式，它涉及我们看待事物的角度、方式和方法，并由此对我们的行为方式产生直接的影响。人类的思维方式总是受到周围环境和背景的影响，在大数据背景下，信息储存量之巨大，计算机数据处理能力之急速，使得人类在这样的背景下必然要创造出新的思维方式，带来区别于以往的新的思维变革。

探析大数据背景下的数据理念，深刻理解大数据背景下引发的思维变革，有助于我们树立大数据思维，踏入新的大数据时代的大门，激发更强的创造力。

1. "小"与"大"

舍恩伯格指出，在小数据背景下，人们采用随机抽样的方式对样本进行采样收集，结果显示分析结果的精确性与采样的随机性有关，其随机性越强，结果越精确。可以说，在小数据背景下，随机抽样利用了整体与部分的关系，部分具有整体的特征，是一种从部分认识整体的方法。因此，随机抽样在小数据背景下显得尤为重要，这是在不可能收集和分析全部数据的情况下所能达到的最完美的结果。但是我们也要认识到，随机采样并不能进行深入的分析，只能在宏观领域上进行一些分析，会忽视细节考察，它是对无法收集全部数据的一种妥协，在我们无法把握全部内容的时候对其做一个方向性的把握，具有一定的局限性。

在大数据背景下，一般采用全数据模式。在此环境下，我们可以对数据进行深度探讨，我们可以更准确地抓住事物的细节，并且是所有的、全部的细节，这样的样本分析具有更开阔的视野。故而，如果把小数据背景下的思维方式称作"以小见大"，那么在大数据背景下，我们的思维方式将转变为"以大见小"。

在小数据背景下，我们运用简单的因果关系和从部分到整体的逻辑处理问题，永远无法达到样本等于整体的高度，还会忽略对细节的观察。以往是科技的局限造成一种只能通过"小"来间接看到"大"的无奈妥协，如今在大数据背景下，我们有能力"以大见小"，收集全部数据与信息。在大数据背景下，我们将变革以往基于整体与部分关系的"以小见大"的思维方式，转而关注细节，研究各种零碎的、看似无关的事物之间的联系，在此过程中我们也将发现更多被隐藏的商业价值。

2. 混杂性与精确性

在小数据背景下，我们极力保证收集到的数据质量，不允许错误率存在，极力追求精确性、准确性，这样才能利用样本容量小的数据来分析问题。在这种背景下，很多科学家都致力于改善测量数据的工具。

在大数据背景下，情况不再如此，在如此庞大规模的数据量的情景下，想要追求所有数据的精确性有点不切实际。在海量数据的冲击下，错误对我们的影响微乎其微，甚至不值一提，我们不仅要容忍数据库和算法错误，对精确性做出让步，我们还要拥抱混乱，用概率说话。

混乱是数据规模巨大情况下的代价和逻辑前提。大数据时代是接受混杂的，这种混杂不仅意味着繁多的种类，也意味着高容错率。舍恩伯格指出，"只有5%的数据是结构化且能适用传统数据库的。如果不接受混乱，剩下的95%的非结构化数据就会无法使用。只有接受不精确性，我们才能打开一个从未涉足的世界的窗户"。

在小数据背景下，错误和混乱可能带来不确定性，其造成的后果我们不得不考虑在内。当我们进入大数据时代，我们无法做到绝对精确，某些错误和混乱对我们的数据分析也无法造成影响，在这种情况下，宽容错误会给我们带来更多的价值。因此，在大数据背景下，我们应当重新审视精确性的优劣，避免小数据背景下无限追求精确性的思维方式，学会用概率说话，接受纷繁的数据并从中受益。从过去追求精确性到如今站在更高的高度上操控全局，接受混杂是标准途径，也是我们通向未来的重要一步。

3. 相关关系与因果关系

大数据最大的转变就是不再竭力渴求因果关系，转而挖掘相关关系的价值，即关注"是什么"而不追究"为什么"。这可能颠覆了人类传统的思维惯式，从古希腊时期的哲学家们开始探究世界本原起，人类社会仿佛被套上了一层一定要追求事物本质属性的头纱，这是一种探寻事物间因果关系的冲动。虽然我们不能否认因果关系的重要意义，没有因果关系就没有现代先进的科学技术，但在大数据背景下，我们需要将目光转换到相关关系上。"相关关系的核心是量化两个数据值之间的数理关系。相关关系强是指当一个数据值增加时，另一个数据值很可能随之增加。当然，在大数据背景下并非完全否认因果关系的存在，只是在这个背景下相关关系比因果关系重要得多。

一方面，在大数据背景下，我们不需要探究因果关系，只探究相关关系就可以让我们对事物的发展做出科学的预测，并获得商业利益。大数据中的"大"不应局限于某一个整体或是某一个系统，应包含与某一整体或系统有相关关系的全部数据。因此，在大数据背景下，我们看待事物的视野也应超越一个局限的环境，看到更多与此环境具有相关关系的事物，虽然这些事物之间可能没有因果关系，但通过相关关系，我们可能发现以往发现不到的更有价值的东西。

另一方面，探寻相关关系仿佛是一种认识世界的新途径，我们不必再通过因果关系来发现事物内在规律，转而可以直接通过相关关系得到我们想要的结果。

比如，我们不需要了解航空公司是怎样给机票定价，只需关注飞机票的价格是否会飞涨即可满足我们的需求。因而，在大数据背景下，我们要竭力挖掘相关关系的潜力，转变以往的思维方式，利用相关关系给我们带来的新视角去发现更多的价值。

4. 其他思维方式

任何人都生活在一定的背景和环境中，其思考问题和解决问题的习惯和模式会受到背景和环境的影响，并由此决定他怎样观察和理解这个世界。例如，文艺复兴以来，由于牛顿力学的巨大成功，人们用牛顿力学来看待一切，似乎世界就像一台巨大的机器，完全可以用牛顿力学的三大定律和万有引力定律来认识和解释一切现象，以至于活生生的人类自身也变成了"机器"，这就是著名的机械论思维方式。

随着 Google、百度、腾讯、阿里巴巴等网络公司的迅速崛起，以及它们的迅速致富，数据致富成了新的致富神话。有些网络数据商在短短的几年时间内就迅速超越了实体公司的财富，并且所费人力、物力和财力甚少。人们现在才如梦方醒，知道了数据在我们这个时代成了非常重要的资源。"数据就是资源，数据就是财富"迅速成了深入人心的理念。一切皆用数据来观察，一切都用数据来刻画，一切数据都被当作财富来采集、存储和交易，这就是所谓的"数字化生存"。

人们迅速地以数据的眼光来观察世界和理解、解释这个纷繁复杂的世界，这就是所谓的大数据思维。按照舍恩伯格的说法："所谓大数据思维，就是一种意识，认为公开的数据一旦处理得当就能为千万人急需解决的问题提供答案。"

曾经，数据只是刻画世界的一种方便符号，而如今却成了财富，甚至有人提出世界的本质就是数据。因此，随着大数据时代的来临，人类的思维方式必然会产生革命性的变革。这些变革主要表现在如下几个方面：

第一，整体性，即用整体的眼光看待一切，由原来时时处处强调"部分"到如今强调"一个都不能少"，不能只有精英，而其他只能"被代表"。西方科学界从古希腊开始就有寻找"始基"的传统，以牛顿为代表的近代科学家们更是擅长分割整体、不断还原，通过研究基本构件的部分来把握整体行为，由此形成西方科学界的还原论传统。在还原论中，万事万物都可以分解为部分，部分比整体更加重要，只要把握了部分，整体就尽在掌握之中。这些部分也被称为元素，整体则被称为系统。之所以重视部分，原因无非有两个：一是当时的科学还处于刚刚开始的阶段，通过简单的分解就可以取得丰硕的成果；二是当时的处理能力还不足以把握复杂的整体，于是采取迂回的办法，通过分解更简单的部分来把握复杂的整体。

当整体只由简单的几个部分组成时，其所有部分都会被详细研究。当整体由众多部分构成时，受处理能力所限，不可能对所有部分进行研究，于是只能选取其中的一些部分，试图通过这些部分来代表全部，这就是统计学中十分著名的样本研究法。为了让这些部分能够代表整体，于是就有了如何科学抽样的研究。但是，无论如何科学抽样，都有可能出现偏差，部分都未必能够代表整体。于是就有了以系统科学和复杂性研究为代表的整体论的兴起，以及中国古代整体论的复兴。无论是西方现代整体论还是中国古代的整体论，其整体都是抽象的整体，无法进行技术操作，只停留在抽象的概念层面。随着大数据的兴起，整体和部分终于走向了统一。大数据理论承认整体是由部分组成的，但面对大数据，我们不能用抽样的方法只研究少量的部分，而让其他众多的部分"被代表"。在大数据研究中，我们不再进行随机抽样，而是对全体数据进行研究。正如舍恩伯格所说："要分析与某事物相关的所有数据，而不是只分析少量的数据样本。""当数据处理技术已经发生翻天覆地的变化时，在大数据背景下进行抽样分析就如同在汽车背上骑马一样。"大数据技术将整体论的"整体"落到了实处，整体不再是抽象的整体，而是可以进行具体操作的整体，而且能够真正体现整体的行为。在大数据背景下，不再有"被代表"的部分，整体真正体现了全部，反映了所有的细节。

第二，多样性，即承认世界的多样性和差异性，由原来的典型性和标准化到如今的"怎样都行"，一切都有存在的理由。在小数据背景下，人们获取数据和处理数据都不是那么容易，因此要求每个数据都必须精确和符合要求，或者说按照某个格式或标准来采集统一结构标准的数据。例如，我们的手机号码、身份证号码都是统一格式的，人口普查、经济普查等各种普查都严格按照标准化的格式登记和填写，一旦产生非标准的数据就会当作无用数据被排除。在计算机的数据结构中，这些标准化的数据叫作结构化数据。然而，在大数据背景下，随时随地都在产生各类数据，而且这些数据没有统一要求或标准，五花八门。以大数据的视野来看，这些数据虽然没有标准化，但依然是宝贵的资源，无论是标准的还是非标准的数据都有其存在的理由。舍恩伯格认为，"我们乐于接受数据的纷繁复杂，而不再追求精确性"。科学哲学家费耶阿本德认为，在科学方法上应该提倡无政府主义，没有标准，"怎么都行"。大数据真正体现了这种科学方法论，也体现了德国哲学家的思想：凡存在的都是合理的。这些数据既然产生并已经存在，就有其存在的理由，就有其合理性。大数据时代真正体现了百花齐放的多样性，不再是小数据时代单调乏味的统一性。

第三，平等性，即各种数据具有同等的重要性，由原来的金字塔式结构变成了平起平坐的平等结构，强调了民主和平等。任何系统都有其组成结构，组成系统的各种要素按照某种结构组织起来并形成系统。在大数据时代的海量数据中，所有的数据更多的是平等关系，因此不会特别突出某些数据的关键作用。在大数据背景下，群众成了真正的英雄，不再过分强调精英和英雄的突出地位。

第四，开放性，即一切数据都对外开放，没有数据特权，从原来的单位利益、个人利益变为全民共享。封闭导致混沌和腐败，开放则带来有序和生机。由于处理能力的限制，以往的科学在对研究对象进行研究时，都要把对象与环境隔离开来，就像力学分析时那样，这种分离、封闭的方法深深影响着我们的思维方式。在社会生活中，我们把社会划分为不同的部门或利益共同体，整个社会由大大小小诸多的部门或利益共同体构成。为了自身的利益，各个利益共同体各自为政，不愿意把信息对外公布和分享。

当然，在以往的社会，即使想跟大众分享，也没有分享的技术途径。在大数据背景下，互联网、云技术等信息技术为我们提供了便捷的共享手段。遍地可见的电脑、智能手机、摄像头及其他诸多的信息采集设备和存储设备将海量数据置于公共空间，为公众共享信息提供了基础。因此，大数据背景是一个开放的背景，一切都被置于"第三只眼"中，太阳底下无隐私，分享、共享成了共识，传统的小集团利益被打破，社会成了一个透明、公开的社会。这也符合大众的期望，因为大众就希望通过公开、透明来消除因封闭、封锁而导致的腐败，开放、共享带来了社会经济的勃勃生机。

第五，相关性，即关注数据间的关联关系，从原来凡事皆要追问"为什么"到现在只关注"是什么"，相关比因果更重要，因果性不再被摆在首位。在西方科学传统中，因果性是各门学科关注的核心，古希腊哲学家所谓的本源问题其实就是因果关系问题，物理、化学、生物等学科所得到的规律无非就是各种因果关系。在传统科学中，由于受科学工具和处理能力所限，只能寻找和处理简单的几个量之间的线性关系。因为每个数据都得来不易，所以几乎没有冗余数据，每个量总能找到其前因后果，因而形成一个长长的因果关系链。但是，在大数据背景下，由于数据量特别巨大，要找出所有量与量之间的因果关系几乎是不可能的，因此只好把它们封装起来作为一个黑箱，我们只关注这个黑箱的宏观行为，不再关注其内部机制。我们通过比对来发现数据之间的相关关系，找到宏观行为中具有显著相关性的数据之间的变化关系。由于这些相关数据在黑箱内经过了十分复杂的相互作用，不再是小数据背景下的简单、直接的线性因果关系，而是复杂、间接的非线性因果关系，因此大数据背景下的相关关系比因果关系更重要。正如舍恩伯格所说："我们的思想发生了转变，不再探求难以捉摸的因果关系，转而关注事物的相关关系。"因此，大数据背景打破了小数据背景的因果思维模式，带来了新的关联思维模式。

第六，生长性，即数据随时间推移不断动态变化，从原来的固化在某一时间点的静态数据转变为现在的随时随地采集的动态数据，在线反映当下的动态和行为，随着时间的推移，系统也走向动态、适应的方向。在小数据背景下，采集的数据都是某个时间点的静态数据，如传统的人口普查，必须规定在某个时点开始普查，经历一段时间后在某个时点结束，然后用几年的时间来处理得来的静态数据。这些静态的人口数据不能及时反映出每时每刻人口的生死动态变化，而是具有很长的时滞性，因此不能反映人口的实际状况。在大数据背景下，由于可以实现在线采集数据，并能够迅速处理和反映当下的状态，因此数据能够反映出实际的状态。

大数据时代的最大特点就是采用各种智能数据采集设备，随时随地采集各种即时数据，并通过网络及时传输，通过云存储或云计算进行即时处理，基本上不会滞后。此外，由于大数据背景下采集、存储、传输、处理、使用数据的便捷性，因此我们可以做到不断更新数据。这些随时间不断更新的数据正好反映了数据随时间的动态演化过程，这个过程构成了一幅动态演化全景图。这种动态演化图正好反映了数据的生长性。此外，系统可以根据即时的动态信息来随时调整系统的行为，从而体现出系统的适应性。

（二）大数据思维是一种复杂性思维

大数据思维从诸多方面体现了思维方式的重大变革，代表着思维发展的新方向。不过，顺着时间的脉络和思维的逻辑，我们很快就会发现大数据思维与复杂性科学和复杂性思维具有极大的相似性，更极端一点来说，大数据思维从本质上来说就是复杂性思维。

复杂性思维在古代就已存在，古希腊的亚里士多德及整个古代哲学界都具有复杂性思维，黑格尔、马克思和恩格斯更是以辩证法的哲学形式加以表达，但复杂性科学一直等到 20 世纪 80 年代才兴起。美国三位诺贝尔奖获得者因为不满现代科学的学科分裂，在新墨西哥州成立圣塔菲研究所，以弥合学科裂缝，整合科学资源，试图从思维方式和科学方法论上超越长期以来占统治地位的机械思维和还原论方法。复杂性科学并不属于某一门新学科，而是一种科学的新思维和新方法论。复杂性科学认为，自然界和人类社会纷繁复杂，并不像牛顿力学等近现代科学所认为的那样简单。大自然和人类的思维、行为并没有完全严格按照线性因果关系来组织和行动，更多情况是随机、自由或非线性、多样性的。传统的机械自然观和还原方法论把一切对象都看作一架静止的机器，可以随意拆卸和组装，而且最终可以还原成某个基本原件。复杂性科学则持一种有机自然观，把一切对象都看作是有生命的、会生成演化的系统。即使是最简单的几个要素，经过非线性相互作用，也有可能涌现出复杂的行为。正因如此，我们不能根据简单的因果关系来推导系统的行为。也就是说，因为非线性相互作用，简单要素经过分岔、突变，会涌现出复杂多样的斑斓世界。

牛顿力学、爱因斯坦相对论等传统的理论基本上都基于机械思维和还原方法论，因此它们被称为简单性科学。简单性科学与复杂性科学在世界观、本体论、认识论与方法论等诸多方面都有着革命性的差别。用美国科学哲学家库恩的话来说，它们属于不同的科学范式。也就是说，从简单性科学到复杂性科学，是不同科学范式的转换，是典型的科学革命，其本体信念、认识趣向、共有价值、方法特性等诸多方面都发生了根本的变化。可以说，小数据背景属于简单性科学背景，而大数据背景属于复杂性科学背景，它们之间有时重叠交叉，有时各自发展。数据观的变革主要与信息科学、信息论、计算科学及人工智能相关。随着计算机技术、网络技术的发展，数据处理技术和能力有了翻天覆地的变化，引起了从小数据到大数据的革命性变革。可以说，数据观的革命主要是由技术革命引起的，因而大数据最突出的表现是数据处理技术的革命性突破。正因为如此，大数据技术对百姓的生活、工作与思维产生了巨大的影响。从简单性科学到复杂性科学的科学观变革主要与系统科学、系统论及其他科学相关，它更多属于科学思想观念和哲学思维等理念层次的变革，因而更多表现在各门学科的科学观念的革命性转变上。因此，科学观从简单性到复杂性的变革虽然也是一场革命，但它对生产、经济及百姓的日常生活的影响没有那么巨大，主要局限于科学和哲学等学术领域。

由此，我们可以说，从简单性科学到复杂性科学的革命与从小数据背景到大数据背景的变革在本质上是相通的，不过前者更多地表现在科学层面，而后者主要表现在技术层面；前者更多局限在思想领域，后者则直接对我们的生产、生活和思维产生了全方位的影响。因此，大数据技术革命与复杂性科学革命既有区别又有联系，但它们在思维变革方面是基本一致的。

四、大数据背景下的机遇与挑战

随着大数据时代的到来，信息技术已经被应用到了各个领域。可以说，大数据是一种高科技背景下的产物，它使人们的交流更加密切，生活更加方便。大数据时代的到来给社会发展带来了很大的机遇，同时也带来了很大的挑战。因为信息安全性的不足一直是人们关注的焦点，所以保证大数据背景下的信息安全十分重要。

近年来，网络信息技术的发展极为迅速，大数据时代的到来已经被人们所接受。但是大数据时代也同样面临着严重的信息安全挑战，大量的信息泄露给人们带来了很大的损失，因此应该不断加强信息技术安全建设，以迎接大数据背景下信息技术安全带来的全新挑战。

（一）大数据背景下所面临的机遇

（1）提高了信息利用率。大数据时代给信息技术发展带来了新的机遇，人们对信息技术的运用不再停留在对数据的储存和传输方面，逐渐开始转向对数据的利用和挖掘上，在很大程度上提高了信息的利用价值。随着大数据时代的到来，各个领域开始对信息的利用率加强重视，只有充分掌握信息的利用价值，才能够在日后的竞争市场中获得一席之地。

（2）给信息安全带来机遇。随着大数据时代的到来，网络信息安全问题给社会造成了很大的影响，人民和国家财产受到了不同程度的损失。因此，为了有效解决信息技术带来的损失，越来越多的企业开始研发信息安全保护工具和软件技术，如百度卫士、360安全卫士、金山卫士等，用来迎接大数据时代带来的挑战，这在很大程度上促进了信息技术的发展。

（3）促进信息安全技术的发展。大数据背景下信息安全技术的发展波及很多领域，主要产品形态可以分为硬件（网银U盾）和软件（密码口令）两种。根据我国信息安全技术发展的现状来看，最为显著的就是商业智能化和信息安全化，尤其是云技术的应用，它能够为金融行业和商业的信息安全提供好的保障，具有巨大的发展潜力，有利于信息安全技术的发展。

（二）大数据背景下所面临的全新挑战

（1）增加了个人隐私泄露的风险。在大数据背景下，人们每天都会使用计算机网络和智能手机4G/5G网络，通过QQ、微信、微博等社交软件进行信息交流或信息存储，这个过程会产生大量与自己相关的隐私数据。大数据时代增加了个人隐私泄露的风险，一旦泄露了这些信息，可能会给个人带来严重的损失，而对于企事业单位而言，可能会导致公司破产。例如，现在的年轻人都喜欢网上购物，很多网站都要求实名制，并绑定自己的银行卡和身份证，一旦不法分子钻了空子，利用别人的信息去做违法犯罪的事情，就会给本人带来很大的危害。

（2）给信息储存带来威胁。在大数据背景下，很多信息都被储存到了一起，通过计算机网络可以有效进行查询和提取。但是这也面临更大的威胁，由于查询权限设置的问题，信息泄露的风险会大大增加，这也在一定程度上提高了维护信息的难度。虽然目前很多企业都已经推出了信息安全保护软件，但是在大数据背景下，这些并不能保证信息一定不会出现问题。

（3）被应用到信息网络攻击中。在大数据背景下，市场竞争日益激烈，很多企业为了获取更有价值的信息不择手段，通过网络黑客，利用大数据的漏洞，使用网络信息技术对其他企业进行攻击，从而窃取企业的经营信息、客户群体、商业信息等内容，从中获取巨大的经济利益，给市场经济造成了极大的混乱。

（4）可作为持续攻击的载体。在大数据背景下，黑客能够很好地将自己进行隐藏，从而对其他系统进行反复攻击，而传统的检测方式根本无法找出黑客的具体行踪，因此黑客就可以抓住这一漏洞对用户实行可持续攻击，简称 ART。ART 是隐藏在大数据中的，通常的检测识别一般存在滞后性，所以很难发现 ART 攻击。此外，ART 具有多元化的攻击渠道，只建立一张防护网是无法对 ART 攻击进行全面防护的，这种攻击还会造成用户系统瘫痪，会损失大量有价值的数据文件。

（5）行业挑战。大数据带来了社会的深刻变革，很多行业面临转型与洗礼，如体育赛事、股票市场、市场物价、用户行为、疾病疫情、灾害灾难、交通行为、能源消耗等领域，大数据的预测让人类具备可量化、有说服力、可验证的洞察未来的能力，大数据预测的魅力正在释放出来。

（6）社会道德挑战。大数据一方面给人们带来了广泛的社交信息交流，另一方面给人们带来了利用大数据进行破坏的机会。据统计，现在离婚率高达38%，社交的广泛性起了很大的作用。另外，有人利用他人信息进行诈骗活动，社会道德面临挑战。

（7）法律漏洞。现在我国信息方面的法律不健全，存在很多空白，法律的漏洞可能会使有些人肆意地利用大数据技术做损害别人利益的事情，打法律擦边球。大数据给法律带来了挑战。

（8）国家安全。信息是国家的一条命脉，若信息流失，被他国掌握及利用，就会有严重的安全风险。现在电子设备利用非常广泛，信息交流非常频繁。如果这些海量信息被他国掌握，不只个人隐私会被侵害，更是对国家安全造成威胁。

（三）大数据背景下的信息保护对策

1. 不断完善信息安全系统

从我国互联网信息安全技术的发展现状来看，大数据处理技术已经成为互联网发展中的新型处理技术。我国掌握这种技术的时间不长，互联网信息安全方面的法律法规还不够完善。因此，在实际安全建设中，需要调动政府的积极性，把大数据信息安全问题列入安全建设当中，并且不断加强对大数据信息网络安全的研究工作，同时还要培养数据安全技术人员，这样才能促进我国提高数据安全技术水平，保障我国和人民的信息安全。

2. 加强可持续攻击问题的处理

针对大数据可持续攻击的问题，要全面加强安全防御工作，利用大数据对ART进行各层面、各阶段、全方位的数据信息处理检测，并对不同层面和不同阶段中产生的不同数据进行分析，从而制定出科学、合理的保障系统。同时，还要及时修补大数据信息处理中存在的漏洞，预判黑客的攻击，制定有效的防御措施。另外，还要灵活地运用检测和防御手段做好日常系统维护工作，从而保障信息系统安全可靠。

3. 加强大数据监督管理

大数据含有的信息数量非常庞大，存在很多有价值的信息，这也是黑客攻击大数据的主要目的，所以要开展大数据的监督管理工作，尽可能地解决大数据中的信息泄露问题，加强有价值信息的保护，有效预防信息泄露。

4. 加强安全防护工作

仅仅利用大数据对信息安全进行检测还远远不够，还要经常对数据信息进行整理和分析，根据具体情况使用适合的检测办法对数据进行严格检测，从而分析数据信息的安全性，并对信息的重要性进行分析，灵活运用信息防御手段。另外，大数据的数据量十分庞大，防护工作绝不是一朝一夕就能完成的，只有在日常维护中不断地发现存在的异常问题，并进行不断的分析和总结，才能有效地降低信息安全中出现的风险问题，才能最大限度地减少信息安全隐患的发生。

5. 制定国家信息安全战略和总体发展战略

当今世界，各国深刻变革，纷纷打响信息战，国家安全问题越来越紧迫。我们应该制定国家层面的信息安全战略，全面统筹国家信息安全。

面对新的浪潮，我们不能被迫等待，应该主动行动，把握机遇，制定总体的发展战略，全面科学地进行引导，推动大数据的浪潮，使其成为我们快速崛起的推力。

6. 前瞻性地发展大数据技术

我们应该前瞻性地开发相应的技术，利处充分利用，弊处尽量在技术层面加以阻止。前瞻性地发展大数据技术，可以让我们在大数据潮流中夺得先机，科学、有益地规范和利用大数据。

7. 建立大数据人才队伍

现在的竞争是人才的竞争，印度通过普及 IT 教育使其成为世界办公室。目前，数据产业链不断壮大，相应的人才缺口越来越大，如数据科学家，在几年前还不是一个正式的职业，如今已成为 IT 行业重要的人才。据统计现在数据科学家已经缺口几十万。

8. 推进各行业的变革和转型

各行业要进行适当的变革和转型，淘汰停滞不前的旧模式。各行业的变革已势在必行，各个企业要制定各自的 IT 战略，结合自身实际进行大数据开发与利用，并进行战略协作。

在大数据背景下，信息安全的发展机遇与挑战并存。国家和人民要正确地看待信息安全的重要性，要不断完善科学、合理的信息安全管理体系，加强对大数据网络信息安全的研发工作，同时还要积极培养信息安全技术人员，只有这样才能提高我国信息安全管理的整体水平，从而减少信息安全风险给国家和人民带来的经济损失。

第二节 高等教育信息化概述

信息社会的高速发展要求教育必须进行改革，以满足培养面向信息化社会的创新人才的要求，同时信息社会的发展也为这种改革提供了环境和条件。信息技术在教育中的广泛应用必将有效地促使教育现代化。教育信息化是教育面向信息社会的要求和必然结果。

一、高等教育信息化的内容和目的

(一) 教育信息化的概念

信息化的概念最早起源于 20 世纪 60 年代的日本，20 世纪 70 年代传播到西方国家，我国在 1997 年召开的首届全国信息化工作会议上，将信息化和国家信息化定义为："信息化是指培育、发展以智能化工具为代表的新的生产力并使之造福于社会的历史过程。国家信息化就是在国家统一规划和组织下，在农业、工业、科学技术、国防及社会生活各个方面应用现代信息技术，深入开发广泛利用信息资源，加速实现国家现代化进程。"从本质上讲，信息化是将信息作为构成某一系统、某一领域的基本要素，并对该系统、该领域中信息的生成、分析、处理、传递和利用等活动的总称。

教育信息化是将信息作为教育系统的一种基本构成要素，并在教育的各个领域广泛地利用信息技术，促进教育现代化进程。简单地说，教育信息化是指在教育领域利用信息技术，对教育内容（信息）进行分析处理、加工改造、组织传播、共享使用，以实现教育现代化的过程。教育信息化是国家信息化的重要组成部分，对转变教育思想和观念，深化教育改革，提高教育质量和效益，培养创新人才具有深远意义，是实现教育跨越式发展的必然选择。教育信息化的全面实施必然会形成一种全新的教育形态——信息化教育。

(二) 教育信息化的内容

教育信息化的核心是教学信息化，只有构成教学的基本要素的人（教师和学生）、教学过程、教学条件等实现了信息化，才能完成教育现代化的进程。

1. 教育环境的信息化

完备的教育信息化环境是实现教育信息化的外部条件和基础。为了实现教育信息化，应该建立一定的信息化环境，它包括对教育信息进行各种有意义操作的硬件环境和软件环境。例如，现代远程教育项目，西部大学校园计算机网络建设工程，各学校建设的校园网、计算机教室、多媒体教室等。这些工程、教室的建立及其相应软件的开发是教育信息化的重要内容，它为我们在教育系统中广泛地应用信息技术提供了一定的条件和基础。没有一定的信息化环境，是不可能实现教育信息化的。

2. 教师与学生的信息化

在教育信息化的过程中，各种信息设备的使用，教育系统中各种信息的操作都是通过教师和学生完成的。教师与学生的信息化在教育信息化中占有重要的位置，教师与学生的信息化是指教师与学生应具备一定的信息素养，应基于一定的信息环境，利用一定的信息技术解决生活、工作和学习中的问题。教师与学生的信息化对教育信息化是至关重要的。没有教师与学生的信息化是不可能实现教育信息化的。

为了培养学生的信息素养，应该在学校中广泛地开展信息技术教育。信息技术教育是以培养学生的信息素养为基本目标的素质教育。《关于推进教师教育信息化建设的意见》要求，"对全体教师进行一轮现代信息技术和教育技术的培训。要特别加强对骨干教师的信息技术和教育技术的培训"。培养教师与学生的信息素养，实现教师与学生的信息化是实现教育信息化的关键。

3. 教育过程的信息化

教育过程的信息化是指在教育过程中广泛地使用信息技术，以完善教育过程，实现面向信息社会的创新人才的培养。在教育信息化的过程中，多种教育信息化的环境应通过具有一定信息素养的教师和学生，将信息化用于教育、教学的实践过程中，从而实现教育过程的信息化。教育过程的信息化是教育环境信息化，也是教师与学生信息化的落脚点。教育环境的信息化，教师与学生的信息化，最终实现教育过程的信息化，即以各门学科教学的信息化来实现面向信息社会的创新人才的培养，这是教育信息化的根本目标。

（三）教育信息化的目的和意义

教育信息化的根本目的是培养创新型人才，实现教育的现代化。具体来讲：就是要大力推广信息技术在教育领域广泛有效的应用，建立起功能完善的信息化教育环境；利用信息技术推动教育的改革和发展，大力开发优质的教育资源，优化教育过程，提高教育质量和效益；培养适应信息社会要求的创新人才，促进教育现代化。信息社会的发展不仅对人才的数量有要求，而且对人才的质量提出了更高的要求。推动教育信息化的意义在于：

1. 教育信息化是教育现代化的必由之路

教育信息化是教育现代化的必由之路，也是教育现代化的重要内容和主要标志。推进教育创新，必须充分利用现代科学技术手段，大力提高教育的现代化水平。要积极利用现代信息和传播技术，大力推动教育信息化，促进教育现代化。教育现代化包括教育思想现代化、教育内容现代化、教育方法现代化、教育技术手段现代化、教育设施现代化、教育管理现代化等。在教育现代化的诸多要素中，哪一"化"都离不开教育信息化，教育信息化为教育现代化提供了方法、途径和前提，同时在教育信息化的过程中必然会出现许多新问题需要我们去认识和解决，这些问题的解决不仅会极大地丰富教育信息化的内容，也引起教育思想、教育内容、教育方法、教育手段、教育管理等诸多方面产生深刻变革，这将成为教育现代化研究的重要内容，也将成为实现教育现代化的主要标志[1]。因此，没有教育的信息化就不可能实现教育的现代化，教育信息化是实现教育现代化的重要步骤，是教育现代化的重要内容和主要标志。

此外，教育信息化是国家信息化的重要内容。不仅如此，教育信息化是国家信息化的基础。没有教育的信息化，就不可能为国家信息化提供所需的信息化人才，也不可能实现真正意义上的国家信息化。教育信息化对增强国家的综合实力，增强国家在国际上的竞争能力有重要的意义。教育信息化对国家信息化和教育现代化具有十分关键的作用。

2. 教育信息化有利于建设学习型社会

教育信息化有利于建设学习型社会，构建终身教育体系，缩小地区间的教育差距。从现阶段来看，我国教育信息化的重点主要是学校和专门的教育机构。从长远看，教育信息化必然会延伸到家庭和社会的各个方面。其中，家庭教育信息化和现代远程教育的实施，将为全国人民提供更多受教育的机会，使受教育者的

---

① 黄贤明，梁爱南，张汉君. "互联网+"背景下高等教育信息化的改革与创新研究［M］. 长春：东北师范大学出版社，2018.

学习不受时间、空间的限制，真正实现学习型社会和终身教育的内涵——人人学习、处处学习、时时学习，保障每一个人接受教育的平等性，同时尽可能地从根本上消除由于地区之间经济发展的不平衡所产生的教育水平的差距，使全体国民的综合素质普遍提高。

3. 教育信息化有利于素质教育

教育信息化有利于素质教育的实施和创新人才的培养。创新人才的基本特征是具有个性，善于独立思考，具有广博的知识，富有创新精神和创造能力，具有高尚的理想和道德情操，是全面发展与个性发展完美结合的人。

培养创新人才是素质教育的根本目标，教育信息化有利于素质教育的实施和创新人才的培养。第一，教育信息化为素质教育的实施创造了良好的环境，使因材施教和个性化教学得以更好体现。利用教育信息化的优良环境，可实现个别化教学、小组协作学习、远程实时交互的多媒体教学、在线学习、在线讨论等。教育信息化将学生从共性制约中解放出来，有利于发展学生的个人志趣，培养个性特色。第二，在信息技术环境下，一方面学生可根据个人志趣与个性差异在一定程度上对所学的知识和学习进程进行自主选择，另一方面学生可对某一专题的相关内容进行信息检索、收集和处理，发现问题，解决问题，丰富学生的知识面，培养其独立思考能力和创新能力。第三，利用教育信息化提供的网络资源，可将抽象的道理形象化，通过鲜明的形象感化和对比，帮助学生识别假、恶、丑，树立真、善、美的情感，使学生将高尚的理想内化为自己的言行，直至形成良好的思想品德。

总之，教育信息化不仅有利于提高教育质量和教育效率，培养学生的创新精神和实践能力，而且还从主观和客观两方面为学生的全面发展和个性发展提供了条件和保障。这对培养国家现代化所需的创新人才具有极其重要的意义。

（四）教育信息化对我国教育的影响

我国教育信息化的实践经验告诉我们，教育信息化对我国的教育事业将继续产生更加重大的影响。其主要影响有：

1. 促进教育观念的转变

教育信息化促使人们适应信息时代的要求，转变传统的教育教学思想观念，重视信息科学技术和人的素质培养，树立面向世界、科学发展、与时俱进、以人为本的思想观念，树立以创新能力和信息素养培养为核心的现代教育教学观。教育信息化带给人们的是全新的信息资源，全新的理念和全新的硬件、软件环境。

2. 推动教育教学改革

教育信息化的本质就是教育的现代化和素质教育。教育信息化的过程就是实现教育现代化和进行信息素养教育的过程。使教育由传统模式、半传统模式走向现代化模式，就是教育改革的过程和方向。教育信息化本身就是教育教学改革的内容。信息化推动了教育体制、教育内容、教育过程、教育模式、教育环境等的全面改革与发展。

3. 催生与发展信息化教育

教育信息化的直接效果就是催生与发展了信息化教育，使现代教育进入信息化时代。也就是说，信息化教育是教育信息化产生的新的教育形态。培养信息化人才、提高信息素养、倍增教育效益是信息化教育的功能，也是教育信息化的任务。

4. 带动教育信息科学和现代信息技术的发展

教育信息化是驱动教育信息科学和现代信息技术充分发挥作用的动力系统，教育对教育信息科学和现代信息技术的需求必定要求两者适应需求并发展进步，这是一种互动关系。正如恩格斯所说："社会一旦有技术上的需要，则这种需要就会比十所大学更能够把科学向前推进。"

二、高等教育信息化的要素与特征

（一）高等教育信息化的基本要素

国家信息化体系由信息网络，信息资源，信息技术应用，信息技术和产业，信息化人才，信息化政策、法规和标准六个要素构成。这六个要素是一个有机整体，构成符合中国国情的、完整的信息化体系。对于一个行业的信息化建设，信息网络是基础，信息资源是核心，信息资源的利用与信息技术的应用是目的，信息化人才、信息技术和产业及信息化政策、法规和标准是保障。教育信息化也不例外。

1. 信息网络

信息网络是教育信息化建设的重要内容，也是实现教育信息化的物质基础和先决条件。目前，我国已经建成中国教育科研网、中国卫星宽带远程教育网络、远程教育工程，以及应用于学校教学的普通电教室、多媒体综合电教室、计算机室、微型电教室、CAI 教室、网络教室、语言实验室、电子阅览室、闭路电视系统等，这些都是教育信息化中信息网络基础设施建设的重要内容。这些基础设施的建设既为我国的教育信息化奠定了基础，也为信息化教育的实施创造了条件。目前的信息网络分为电信网、广播电视网和计算机网三种，三网交叉互补，并逐步发展为三网融合。

2. 信息资源

教育信息资源是用于教育和教学过程的各种信息资源。它的开发和利用是教育信息化的核心，也是教育信息化建设成败的关键。教育信息资源可分为以教育信息载体为核心的教育软件资源和以管理信息系统的基础数据为核心的教育管理信息资源两大类。其中，教育软件资源主要包括以多媒体素材、各类 CAI 课件、网络课程等为主的多媒体教育信息资源，以文献资料查阅和检索服务为主的图书情报信息资源，以教育信息资源的生成、分析、处理、传递和利用为主的各种工具类资源，以及浩如烟海的网络信息资源等。教育管理信息资源主要是指为实施现代教育管理而建立的以教育者、教育内容、教育对象、教育资源及其支持服务体系为主要内容的各类数据库资源。

3. 信息技术应用

信息技术的应用是教育信息化建设的根本出发点和直接目的。有了信息网络和信息资源这些基础条件之后，信息技术的应用便成为了教育信息化的主角，可以说，教育信息化建设的效益主要体现在应用这一环节。在信息技术应用方面应做好四件事：一是做好与思想理论、方法密切相关的潜件建设，它决定着信息技术应用的方向，直接关系着信息技术应用的质量和效果；二是建立与当地教育信息化建设环境、教育对象及教育内容相适应的信息化教育模式；三是必须提高人们应用信息技术的兴趣和基本技能；四是在不同层次上开展信息技术与课程整合的理论研究与实践，并将其作为学校信息技术应用的主要任务。

4. 信息技术和产业

这是信息化建设的基础。党的十六大报告提出了"优先发展信息产业，在经济和社会领域广泛应用信息技术"的战略决策，突出显示了信息技术和产业的重要性。信息技术是一种技术体系，其中极为重要的是传感技术、通信技术、计算机技术、微电子和软件技术等。教育信息技术有其共性和特殊的内涵，教育信息技术除了包含在教育中常用的计算机多媒体技术、计算机网络技术、卫星通信技术、广播电视技术等电子信息技术之外，还有传统教育信息技术、教育组织系统技术、教学系统方法和教育信息资源管理等类型。信息产业是研究、制造、供应信息技术与装备、信息产品与软件产品，以及提供信息服务与信息安全保障的行业部门的统称。信息产业是国民经济的基础产业和支柱产业，被称为"朝阳产业"。同样，教育信息产业是教育信息化的基础和支柱。教育部门和教育工作者的主要任务是信息技术和信息软件产品的研制、开发和生产。例如，与学校共同编制出版信息化教育方面的电子教材，开发教学系统平台、教学软件工具、电子信息资源等，为学校提供教师培训、技术咨询、社会信息资源等高品质、专业化的服务。教育产业的市场运作对教育信息化发展具有重要的作用。

信息技术产业主要指信息技术设备制造业和信息技术服务业。由于信息技术设备制造业的发展需要强大的技术和资金做后盾，因此在我国教育信息化的过程中，信息技术产业的发展应由不同的社会部门分工协作来完成。其中，教育信息技术产品的制造应动员教育系统、科研院所和相关企业等互补性较强的部门共同参与，以便将教育系统从教育信息技术产品的开发中解脱出来，集中精力做好以教育信息资源的开发和利用为主要内容的服务业。

5. 信息化人才

教育信息化，人才要先行。为了实现教育信息化，需要培养大量掌握信息技术基础知识，具备信息技术应用能力的教育信息化人才。教育信息化人才有两层含义：一是通识型教育信息化人才，这是对在教育领域从事教育、教学、管理及其他服务的各类人员而言的，也是对该领域全体人员的信息技术知识、能力和素质的共同要求；二是专业型教育信息化人才，主要是指专门从事教育信息物态化技术和智能形态技术的研究与开发、教育信息化建设、教育信息化应用和维护的人才。一般来说，社会对通识型教育信息化人才的要求是应具备基本的获取、分析和加工信息的能力，而对专业型教育信息化人才的要求更高，分工更细，可以是高级软件人才、网络工程师、微电子技术专业人才等。

另外，作为培养信息化人才的重要基地的高等学校，一方面要关注教育行业的信息化，为教育信息化培养通识型教育信息化人才和专业型教育信息化人才；另一方面还要担负起为整个社会培养信息化人才的任务。

6. 信息化政策、法规和标准

教育信息化是一项系统工程，为确保我国教育信息化工作的顺利进行，政府及相关部门必须在教育信息资源开发、教育信息网络建设、教育信息技术应用、教育信息技术和产业等各个方面制定一系列政策、法规和标准。建立一套完善的促进信息化建设的政策、法规和标准体系，以规范和协调各要素之间的关系，这既是教育信息化健康发展的重要条件和保障，也是开展教育信息化的依据和蓝图，只有这样，才能使各级政府、各个单位和各个部门的教育信息化规范化、秩序化，才能推动教育信息化顺利地向前发展。

信息化政策、法规和标准用来规范和协调信息化体系中各要素之间的关系，是国家信息化快速、持续、有序、科学发展的根本保障。20 世纪 80 年代以来，我国政府发布了一系列引导、鼓励和扶植信息化的政策性、法规性文件，积极推动信息立法工作，先后颁布实施了《中华人民共和国商标法》《中华人民共和国专利法》《中华人民共和国著作权法》《计算机软件著作权登记办法》《中华人民共和国计算机信息系统安全保护条例》等法律、法规，保障了信息化事业的顺利发展。教育部对教育信息化技术标准化工作极为重视，成立了教育部教育信息化技术标准委员会，研究、制定、推广与教育信息化相关的技术标准。教育信息化技术标准体系目前包含 27 项子标准，已经颁布了《教育资源建设技术规范》《学习对象元数据规范》《教育管理信息系统数据规范》《学习管理系统（EMS）规范》《学校互操作框架》等十几项标准。在国际、国家制定的教育信息化技术、标准体系的基础上，国家和地方根据实际情况进行了本土化调整，对教育信息化起到了规范指导的作用。

（二）教育信息化的基本特征

教育信息化既具有"技术"的属性，也具有"教育"的属性。祝智庭教授认为，其特征可以分别从技术层面和教育层面加以考察。

1. 技术层面的特征

从技术属性看，教育信息化的基本特征表现为数字化、多媒体化、网络化和智能化。

（1）数字化：使教育信息技术系统设备简单、性能可靠和标准统一。

（2）多媒体化：使传媒设备一体化、信息表征多元化、真实现象虚拟化。

（3）网络化：使信息资源可共享、活动时空少限制、人际合作易实现。

（4）智能化：使系统能够做到教学行为人性化、人机通信自然化、繁杂任务代理化。

2. 教育层面的特征

从教育属性看，教育信息化的基本特征表现为教材多媒体化、教育资源共享化、教学方式个性化、学习自主化、活动合作化、管理自动化、环境虚拟化。

（1）教材多媒体化：教材多媒体化就是利用多媒体，特别是超媒体技术，实现教学内容的结构化、动态化、形象化。已经有越来越多的教材和工具书实现了多媒体化，它们不但包含文字和图形，还包含声音、动画、录像及模拟的三维镜像。

（2）教学资源共享化：利用网络，可以使全世界的教育资源连成一个信息海洋，供广大教育用户共享。网上的教育资源有许多类型，包括教育网站、电子书刊、虚拟图书馆、虚拟软件库、新闻组等。对我国教育来说，面临的一大问题是网上的中文信息资源严重不足。开发网上教育资源不但是教育部门的任务，也是社会各部门及教育工作者的义务，美国的网上基础教育资源体系就是依靠社会各界的协同努力建立起来的。

（3）教学方式个性化：利用人工智能技术构建的智能导师系统能够根据学生的不同个性特点和需求提供教学帮助。为了做到这一点，学生个性的测定，特别是认知方式的检测，将成为教育研究的重要课题。

（4）学习自主化：由于以学生为主体的教育思想日益得到认同，因而利用信息技术支持自主学习必然成为发展趋势。事实上，超文本/超媒体之类的电子教材已经为自主学习提供了极其便利的条件。

（5）活动合作化：通过合作方式进行学习活动也是当前国际教育的发展方向。信息技术在支持合作学习方面可以起重要作用，其形式包括通过计算机合作（网上合作学习）、在计算机面前合作（如小组作业）、与计算机合作（计算机扮演学生同伴角色）。

（6）管理自动化：利用计算机管理教学过程的系统称为计算机管理教学（CMI）系统，包括计算机化测试与评分、学习问题诊断、学习任务分配等功能。电子学档包含学生身份信息、活动记录、评价信息、电子作品等。利用电子学档可以支持教学评价的改革，实现面向学习过程的评价。

（7）环境虚拟化：教育环境虚拟化意味着教学活动可以在很大程度上脱离物理空间和时间的限制，这是电子网络化教育的重要特征。虚拟化的教育环境包括虚拟教室、虚拟实验室、虚拟校园、虚拟学社、虚拟图书馆等，由此带来的必然是虚拟教育。虚拟教育可分为校内模式和校外模式。校内模式是利用局域网开展网上教育，校外模式是利用广域网进行远程教育。已经建设了校园网的学校如果能够充分开发网络的虚拟教育功能，就可以做到虚拟教育与实际教育相结合，校内教育与校外教育相贯通，这是未来信息化学校的发展方向。

三、国内外教育信息化的历史沿革

（一）国际教育信息化的发展

现代信息技术在 20 世纪 90 年代快速发展，促进了当今世界各国或地区教育信息化的进程。教育信息化作为跨世纪教育改革的重要内容和目标，纷纷被纳入当今世界各国或地区新一轮的教改方案。尽管各国或地区所面临的教改任务在层次上有内涵与外延的差异，但从教学改革所处的全球信息化宏观大背景、教育所面临的 21 世纪人类社会的挑战等层面来看，又呈现出某些共性，这些共性集中体现在当今世界各国或地区的教育信息化的建设进程中所呈现的教学改革特点和举措上。例如，日本的第五代、第六代计算机进入教育网计划，欧盟的"尤里卡计划"，美国 ISW 向教育进军，韩国的"虚拟大学"，新加坡的"智慧岛"方案等。这些带有浓厚信息化背景色彩的世界教学改革走势在一定程度上反映了以知识经济为特征的 21 世纪信息社会世界教学改革与发展的教育信息化共性，世界各国或地区呈现出各有特色的新举措，教育信息化一时间成为当代教学改革的时髦词汇，极大地促进了各国或地区教学改革的信息化进程。

1. 国际教育信息化的开端

早在 20 世纪 90 年代，经济比较发达的国家或地区就开始从立法和信息政策方面来推动和普及教育信息化工作。具体包括整体规划，明确目标，把信息技术教育列入正式课程，增加投资和开课年级超前发展等。

新加坡政府在 1992 年宣布了"信息技术 2000 年"计划，1996 年又制订了教育信息化总体规划（1997~2002 年）。规划要求，到 1998 年全国教师都要接受 MIT 应用能力的培训，并将其作为教师资格聘用的重要标准之一。该国要求 2000 年全部学校都要建立校园网，明确规定全国各类学校 30% 的误程必须使用计算机授课，以鞭策教师努力提高自身的信息技术水平。为了推进基础教育信息化，该国决定拿出 15 亿美元用于加强信息技术建设，主要集中在为学生购置计算机，建设网络，为学生提供免费软件和优惠上网机会，为每两位教师配备一台教学办公计算机，还为每位教师提供 20% 的补助用于购买家用计算机。

1995 年日本的文部省和通产省联合实施在基础教育领域有重大影响的"100 所小学联网"试验研究项目。项目要求这些学校的计算机系统全部进入互联网，共同探讨在传统教育体制和教育方法的框架外，在信息技术条件下的新型教育模式，创建理想的交互式学习环境。

1995 年芬兰政府拟定信息社会发展战略，把"全体公民掌握和使用信息技术的能力"列为五大方针之一，旨在使每一个芬兰国民掌握信息社会的基本技能。教育当局规定，从 1995 年开始，受过九年义务教育的学生必须达到使用计算机和上网的技能标准。

1995 年 5 月 31 日，韩国教育改革委员会制定了《建立主导世界化、信息化时代新教育体制的教育改革》，韩国这一方案旨在强调只有把现代高新技术引入教育，未来才能使韩国进入信息化社会的先进国家行列，而这一切取决于国家教育信息化的决策力度。

1996 年美国政府提出"教育技术规划"（又称"教育技术行动纲领"），规划明确提出：到 2000 年，美国的每一所学校的每一间教室和每一个图书馆都要实现与信息高速公路的连通；建议国会通过立法使美国的所有学校都实现"人—机—路—网"成片连接；积极鼓励和支持使用新技术对学生进行革新教育的教师；让每一个孩子都能在"21 世纪教师"网络中得到教育服务。1997 年 2 月，美国教育部制定了落实"教育技术行动纲领"的有关措施，要求所有教师都掌握计算机技能。克林顿在同年的国情咨文和《没有哪项任务比这更重要》的文章中再次强调："要让人人都买得起计算机，人人都有能力上网，人人都具备信息技术能力，在 2000 年及以后年份里，我希望整个民族竭尽所能，使我们所有的孩子都获得他们所需要的世界第一流的教育，随着美国步入新世纪，没有哪项任务比这更重要。"为了实施美国的教育技术行动纲领，1998 年美国投资 510 亿美元，旨在实现使每一位美国公民都能利用信息技术进行终身学习的目标。

英国政府宣布 1998 年是英国的"网络年"，并颁布了《我们的信息时代》的政策宣言，以立法的形式规定学生原有的信息技术选修课改为必修课，并制定了信息技术课的各项评分标准。英国确定从 1998 年 10 月起实施全国上网学习计划，在政府投入的教育经费中有 6%专项用于学生的微机购置和网络建设。与此同时，布莱尔政府宣布增拨 1.5 亿英镑专项用于更新教师的信息和通读技术能力。

1998 年法国教育部长阿莱格尔宣布，法国制定的三年教育信息化发展方案，重点放在教育信息化大发展对相应信息教育师资的培训上，重点关注多媒体教学水平和微机操作水平的提高，旨在发挥现有信息设备的使用效率。

2. 国际教育信息化的举措

目前，世界各国或地区对教育的发展均给予了前所未有的关注，都试图在未来的信息社会中让教育处于一个优势位置，从而走在社会发展的前列。为此，许多国家或地区都把信息技术应用于教育领域，将其作为民族发展的重要推动力。面对西方发达国家占据教育信息化制高点的现实，中等发达国家和发展中国家奋起追赶并试图超越，全球教育信息化的竞争日趋激烈。因此，采取相应的教育信息化新举措，成为当今世界各国或地区竞相实行教育信息化改革的一个十分鲜明的背景特色。各国或地区在拟定教育信息化新举措时，呈现了取长补短、既竞争又借鉴的局面。尤其是发展中国家要借鉴当代世界教育信息化前沿技术，尽量少走弯路，以缩短与教育信息化国际水准的差距，这是采取教育新举措的原动力之一。

（1）教育信息化的主导是教师，主体是学生，要对师资教育信息化培训和相应信息技术装备实行政策倾斜。

确定优先保证经费和投资力度的方案，以保证从师资信息化理论型培训向信息化教育技术的应用型能力培训的新一轮战术和战略新举措的落实。例如，新加坡教育信息化总体规划（1997~2002年）要求，1998年全国教师接受 MIT 应用能力培训，并把它作为教师资格聘用的重要标准之一。为此，要保证每两位教师配备一台计算机。新加坡要求在30%的课程中，教师必须用计算机授课，以激励教师自身信息化水平的提高，否则就会面临下岗的严峻局面。2000年，全国各类学校30%的课程使用计算机授课，全部学校都要建立校园网，所有教师、学生人人备有电子邮件账号，旨在使新加坡具有教育智能岛的雏形。为此，新加坡教育局拨出专款，为每位教师补贴20%用于购买家庭自用计算机，以此提高全员的信息化水平。在人力资源不足的情况下，从1999年起在每所学校建立四元信息化梯队，即聘用由高理论水平、高信息技术、高操作水平和高资历教师组成的信息化队伍，为学校教育信息化提供全方位的支持和指导，以保证学校的理论和实践数据库常备常新。与此同时，加大师范教育信息化课程的力度和权重，使未来教师在校学习时能够成为信息技术应用的楷模。

英国政府宣布 1998 年是英国的"网络年",1998 年 10 月实施全国上网学习计划,其重点放在"为全国教师提供机会,以更新他们的信息和通信技术能力"。为在四年内训练所有教师使用互联网,英国首相布莱尔宣布 1998 年内拨款一亿二百万英镑,1999 年达到 1.5 亿英镑。布莱尔在 1998 年 10 月全国上网学习计划开幕式上指出,"这就等于在我们的课堂内建立起世界一流的教育图书馆"。2007 年英国 98%的中学拥有互动电子白板,英国开放大学是世界上非常成功的网上大学,累计培养学生超过 300 万人。

美国教育部于 1997 年 2 月 13 日发表了与教育技术行动纲领相应的举措说明,其中关于教师进行教育信息化的条款占有重要地位。为实施美国教育技术行动纲领,1998 年美国投入 510 亿美元,旨在使每一位美国公民都能利用信息技术进行终身学习。为做到这一点,美国的举措是先从学生、教师的教育信息化应用培训开始。2010 年美国正式发布《国家教育技术计划》,内容涉及学习方式变革、评估方式变革、教学方式变革、基础设施升级和应用系统重构,标志着在发达国家或地区信息化对教育的作用已经从应用阶段进入变革阶段,意味着信息技术不只是工具,信息化也不再仅仅停留在建设阶段。例如,麻省理工学院的开放课程平台,免费共享 33 个学科门类的超 2000 门课程(其中超过 900 门已有汉语版本)。

1997 年 1 月 19 日日本首相桥本龙太郎在国会施政报告中指出,在国际化、信息化日益发达的当代,应把重视平等、均一的学校教育转变为个性、个人、个体能力的开发,包括针对教师个体能力的开发,加强教师培训体制的管理和政策倾斜,进一步加强对师范教育在校生和学校现任教师的信息化培训及对学生指导能力的培养,并为此开设"教育信息化方法与技术"的教职课程,决定从 2000 年开始在教师培训阶段设立"信息设备操作"的实用课程,并把它列入培训学分制的计算考核范畴。

(2)重视外国语应用能力的提高,并作为教育信息化综合指数评价的重要指标之一。

在美国波特尔和日本小松拟定社会信息化综合指数评价体系两个指标常模之

后，世界各国或地区纷纷效仿，并在此基础上把社会信息化指标体系中的教育指标独立开来，拟定教育信息化评价指标体系。例如，韩国首先将外语应用水平纳入教育信息化评价指标体系，要求大学师生英语必须达标，为此建立国家虚拟大学（1997年2月）和国立电子化外文图书馆，提出大学师生普及"微机化+外文化"的国际教育信息化基础评价标准，并将其作为全国教育信息化进程的首批达标指数标准，以此带动全国教育行业的信息化进程和标准运作目标，强调外语和微机要从学术理论型、知识型深造向应用能力型、实践运作型转变，注重提升电子图书馆系统和超高速通信网的运作能力，提高师资教育信息化处理水平，提高大学生整体信息素质，尤其重视师范院校师生整体信息化素质的提高，以启动整个教育信息化的工作母机，这是很有远见的创新之举。其重要标志是韩国釜山东明信息大学独家投入2600台586（第5代微处理器）以上计算机，以电子化图书馆为依托建立虚拟大学，形成以网络化教学为中心的运作体系，以外语化和微机化为两翼的联网讲授立体教育模式。这一高层次的现代立体化教育模式可与世界上任一电子图书馆互通、资源共享，实现虚拟教育大环境下的现代讲授与学习的国际大教育目标，并具有评定和授予学位的大学职能，此举堪称东亚虚拟大学教育信息化的创新之举。

1996年俄罗斯在拉奥（教科院简称）拟定的11项教育科研战略中明确指出，教育信息化要走独联体与东欧各国建立教育信息化技术联合体的大斯拉夫体系之路。这个联合体淡化俄语，把MIT技术的英语界面作为国际语联系的电子化手段，这是一个显著的变化，加快了信息化进入世界体系的进程。这一举措是在苏联解体后各加盟共和国纷纷独立以后，加强本民族语言，排斥俄语形势下结合联合体多数国家意愿达成的协议，对联合体各国沟通和与世界接轨都起到了促进作用。在联合体中共同组建电子图书馆和师资培训联合体，由俄罗斯教科院副院长达维多夫主持；并组建俄罗斯教科院教育信息技术部，加强联合体内相关部门的日常交流与协作，出版合作刊物，研发教育教学软件。由于目前经济力量有限，这种采取联合体方式进行教育信息化联合开发的形式有利于节约资金，能起到最大限度发挥投资效益的作用。随着经济的好转，这一地区很可能成为下一个世纪教育信息化很有前途和具有竞争力的区域。

从上述材料我们可以知道，在世界各国或地区，教育信息化已经成为其教育发展的一个重点，而且许多国家或地区以立法的形式给予了信息技术教育相当重要的地位。

（二）我国教育信息化政策

我国教育信息化早在 1982 年就在北京几所大学的附属中学进行了试点工作，开始的时间还是比较早的，但是由于各方面原因的制约，徘徊的时间较长，最终发展不够均衡。面对世界信息技术教育的迅速发展，为了尽快缩短我国信息技术教育与世界发达国家的距离，1999 年末教育部宣布我国中小学生从 2001 年 9 月开始逐步开设信息技术课程，并公布了《中小学信息技术课程指导纲要》。2018~2022 年我国教育信息化行业的相关政策如表 1-1 所示。

表 1-1　2018~2022 年我国教育信息化行业相关政策

发布时间	发布部门	政策名称	主要内容
2018 年	国务院	《国务院关于推动创新创业高质量发展打造"双创"升级版的意见》	建立完善对"互联网+教育""互联网+医疗"等新业态新模式的高效监管机制，严守安全质量和社会稳定底线
2019 年	中共中央、国务院	《中共中央　国务院关于深化教育教学改革全面提高义务教育质量的意见》	促进信息技术与教育教学融合应用。推进"教育+互联网"发展，按照服务教师教学、服务学生学习、服务学校管理的要求，建立覆盖义务教育各年级各学科的数字教育资源体系。加快数字校园建设，积极探索基于互联网的教学。免费为农村和边远贫困地区学校提供优质学习资源，加快缩小城乡教育差距。加强信息化终端设备及软件管理，建立数字化教学资源进校园审核监管机制
2020 年	国务院办公厅	《国务院办公厅关于以新业态新模式引领新型消费加快发展的意见》	有序发展在线教育，推广大规模在线开放课程等网络学习模式，推动各类数字教育资源共建共享
2021 年	国务院	《国务院关于印发中国妇女发展纲要和中国儿童发展纲要的通知》	加快推动文化教育、医疗健康、会展旅游、体育健身等领域公共服务资源数字化供给和网络化服务，促进优质资源共享复用
2022 年	国务院	《国务院关于加强数字政府建设的指导意见》	着眼推动建设学习型政党、学习大国，搭建数字化终身学习教育平台，构建全民数字素养和技能培育体系

续表

发布时间	发布部门	政策名称	主要内容
2022 年	中共中央、国务院	《中共中央 国务院关于加快建设全国统一大市场的意见》	对互联网医疗、线上教育培训、在线娱乐等新业态，推进线上线下一体化监管

（三）我国教育信息基础设施建设

创建信息化教育教学环境，是教育信息化建设的基础和前提，包含教育信息化的基础设施建设、软件开发及应用、教育教学资源的开发。进入 21 世纪以来，我国相继启动和实施了"校校通"工程、农村中小学现代远程教育工程、通用技术教室建设、新课程配套实验室建设、探究性实验室建设、高校数字图书馆建设、高校精品课程建设等教育信息化建设项目，全国各级各类学校特别是经济欠发达地区和农村地区学校的信息化基础设施建设取得了显著成绩。

教育信息基础设施建设包括中国教育和科研计算机网（CERNET）的建设、地区性教育城域信息网络建设和校园网络建设。中国教育和科研计算机网 CERNET 是由国家投资建设，教育部负责管理，清华大学等高等学校承担建设和运行的全国性学术计算机互联网络。CERNET 分四级管理，分别是全国网络中心、地区网络中心和地区主节点、省教育科研网、校园网。全国网络中心设在清华大学，负责全国主干网的运行管理。地区网络中心和地区主节点分别设在清华大学、北京大学、北京邮电大学、上海交通大学、西安交通大学、华中科技大学、华南理工大学、电子科技大学、东南大学、东北大学 10 所高校，负责地区网的运行管理和规划建设。CERNET 是我国教育信息化的重要基础设施，也是我国信息基础设施的重要组成部分。CERNET 在向教育系统提供全面的互联网服务的同时，还支持多项国家大型教育信息化工程，包括网上高招远程录取、数字图书馆、教育科研网格、现代远程教育等。CERNET 已经成为我国重要的互联网研究平台和人才培养基地，为我国教育信息化发展做出了突出贡献。

（四）教育信息标准化研究

标准化的概念是："在经济、技术、科学及管理等社会实践中，对重复性事物和概念通过制定、发布和实施标准达到统一，以获得最佳秩序和社会效益。"教育信息标准化主要包括：教育信息分类编码与文件格式标准化；教育信息处理过程标准化；教育信息交换标准化等多个方面。

1. 国际教育信息标准化研究

国际上许多国家或地区，如美国、日本和欧洲，都成立了专门从事教育信息标准化工作的组织。这些组织分为两类：一类是研究机构，它们开发最初的规范草案，并在实践中进行检验，最后形成各具特色的规范；另一类是国家级的标准化组织，它们参考研究机构开发的规范，经过工作组的反复讨论，最后投票选择，形成正规标准。

（1）一些重要的网络教育规范的创建者。IMS 是一个全球性的学习联盟，它致力于开发便利在线分布式学习活动的开放标准，这些分布式学习活动包括定位和使用教育资源；跟踪学习过程；报告学习成绩和在管理系统之间交换学生记录等。目前，它主要的研究领域包括学习资源元数据规范、企业规范、内容组装规范、学习者信息组装规范、问题和测试规范。

ADL 是由美国国防部和白宫科技政策局创立的研究部门，专门负责与高级分布式学习活动相关的研究内容，如共享课程对象参考模型、元数据标准及基于 XML 的课程结构格式等。

PROMETEUS 是欧洲委员会建立的部级项目，负责阐明各类网络教育规范的需要、收集不同部门的意见，并为欧洲标准化委员会提供参考资料。

ARIADNE 由欧洲基金会支持，是基于计算机和远程信息处理技术对远程写作、教学和学习提供构思的工具，着重强调电子学习资源的共享和作用。它在开发元数据和可操作性基础框架方面对国际标准化项目有很大贡献。

（2）网络教育标准的制定者。Dublin Core 是一个致力于规范 Internet 资源体系结构的国际性联合组织，它定义了一个所有 Web 资源都应遵循的通用核心标准。该标准涉及资源的标题、创建者、主题、标识符、类型、格式等 15 个方面的信息。其他关于学习资源的数据标准基本上兼容 Dublin Core 标准，并对它做了扩展。

CEN/ISSS。它建立了好几个工作组，研究与学习技术相关标准，如多媒体信息和电子商务的元数据标准。1999 年它下属的一个学习技术工作室开展了"学习与培训技术及多媒体教育软件"标准化工作项目。该项目关注的是终身学习过程（包括远距离教育、培训和自学）中信息和通信技术的标准化，并设想以在线的方式提供信息。

IEEE/LTSC。学习技术标准委员会负责研究制定教育系统中与计算机相关的信息标准。他们制定开发技术标准，推荐好的实践范例，指导软件内容、工具和技术，并设计一些方法，为开发、维持和配合那些由计算机执行的教育和培训系统提供便利。许多 LTSC 开发标准被国际标准化组织的 SC36 子委员会提升为国际标准，由此可以看出这个委员会的研究成果对整个网络教育的重要性。

ISO/IECJTC1/SC36。国际标准化组成立的学习、教育和培训的信息技术委员会。它目前最主要的研究项目有网络教育的体系结构、学习资源的元数据标准、网络教育中术语及协作学习的相关技术标准。

虽然上述教育信息标准化组织各自的研究重点不相同，但它们之间却存在着亲密的合作伙伴关系。IMS 吸收 Dublin Core 的研究成果，并与 ARIADNE 合作，它们的研究成果直接提供给 IEEE/LTSC。当然，IEEE/LTSC 也会与国际标准化组织下负责网络教育的 SC36 子委员会相互合作，最终形成国际通用的 ISO 标准。

2. 我国教育信息标准化研究

我国的网络教育信息标准化研究工作是随"现代远程教育工程"计划的实施启动的。2000 年 5 月教育部远程教育资源建设委员会颁布了由北京师范大学牵头制定的《现代远程教育资源建设技术规范（试行）》，这是我国关于远程教育信息标准化工作的重要成果。该规范的核心内容是：将课程资源分为六大类（媒体素材、试题、网络课件、案例、文献资料和网络课程），详细规定各类资源的功能、技术开发要求和信息属性标注。

2000 年底教育部高教司联合清华大学、北京大学、北京师范大学、华东师范大学、上海交通大学等十余所高校成立了中国现代远程教育技术标准化委员会。该委员会致力于借鉴国际上比较成熟的标准，并在此基础上一方面结合我国的实际情况进行本土化的工作，另一方面结合我国网上教育的具体实践对标准进行修订和完善，使之不仅与国际接轨，还为国际标准提供中国的个案补充，既符合本国的国情，又利于我国远程教育的长远发展。通过分析国际上关于教育信息技术标准的研究线索，特别是参照 IEEEP1848 的框架，该委员会提出了我国现代远程教育标准体系，并于 2001 年 4 月 29 日颁布了《现代远程教育技术规范（教学资源部分）V1.0 版》。2002 年 8 月 6 日教育部又颁布了《教育管理信息化标准》实施办法（试行）。

　　3. XML 在我国远程教育中的应用研究

　　2001 年 1 月北京师范大学信息科学学院和武汉网桥电子商务有限公司签订了"关于 XML 在我国远程教育领域的合作研究开发"计划书，旨在研究、开发和推广 XML 技术在远程教育中的应用，搭建起 XML 这一新兴网络技术与网络教育之间的桥梁。该合作计划是 XML 中小企业技术创新基金项目的组成部分，得到了国家教育部的大力支持。该合作项目还建立了"XML 与教育"网站，它将成为远程教育数据交换标准的信息交流平台，其最终目的是成为国内 XML 在教育信息标准化方面的核心网站。网站主要内容包括：XML 的介绍、IEEE 对远程教育资源的定义、国内 XML 教育系统信息标准化的研究现状和 XML 信息标准化在远程教育中的应用。

第二章　高校高等教育教学信息化建设

随着计算机技术、信息技术和通信技术的飞速发展，世界各国纷纷建设高速的信息化社会。中国也逐渐加入建设高速信息化社会的行列，各行各业也纷纷涉足"信息化"这个新领域。教育信息化、企业信息化、政府信息化成为社会信息化发展的三个核心。尽管我国目前的教育信息化得到了一定程度的发展，但是依然存在一些问题，如当代大学生的教育教学信息化建设。因比，我们有必要对当代大学生的教育教学信息化建设问题进行深入探讨。

第一节　高校高等教育教学信息化现状

信息化已经在世界范围内演变成产业革命和社会革命，对经济社会产生着深刻的影响。全球正加速向信息社会演进，信息技术已经成为无处不在的通用技术，其在教育领域的应用正在带来教育思想、教育模式、学习内容和方式、人才培养质量等方面的全面转变和提升。教育信息化作为 21 世纪教育改革的重要内容和指标被纳入世界各国的新一轮教育改革方案，极大地促进了各国教育改革的进程。以教育信息化带动教育现代化、实现教育的跨越式发展已经成为我国教育事业发展的战略选择。那么，我国当前大学生教育教学信息化的现状究竟如何，本节将针对这一问题进行深入探析。

一、教育信息化简述

21世纪，"信息""信息背景""信息化"等与信息相关的词汇充斥着整个社会，可见信息对整个社会的影响之深、之广、之大。如今，信息化已经成为当今世界的发展潮流，是各个国家社会发展的趋势。

（一）信息化概述

信息化是将信息作为构成某一系统、某一领域的基本要素，并对该系统、该领域中信息的生成、分析、处理、传递和利用所进行的有意义活动的总称，是从物质生产占主导地位到社会信息产业占主导地位的社会发展的过程，这个过程是一个动态的过程。信息化最初是由日本学者从社会产业结构演进的角度提出来的，实际上是一种反映社会发展的新学说。1967年，日本科学技术与经济协会在研究经济发展问题时，对照工业化，正式提出了信息化。

1. 信息化的含义

信息化主要有四个方面的含义：其一，信息网络体系，即大量信息资源、各种专用信息系统及其公用通信网络和信息平台的总称；其二，信息产业基础，即信息科学技术的研究、开发，信息装备的制造，软件开发与利用，各类信息系统的集成及信息服务；其三，社会支持环境，即现代工农业生产，以及管理体制、政策法律、规章制度、文化教育、道德观念等生产关系和上层建筑；其四，效用积累过程，即劳动者素质、国家的现代化水平和人们生活质量不断提高，精神文明和物质文明不断获得进步。

2. 信息化的内容

从信息化内容来看，信息化主要包括信息资源，信息网络，信息技术应用，信息技术和产业，信息化人才，信息化政策、法规和标准六个要素。这六个要素是一个有机整体，共同构成信息化的完整体系。其中，信息网络是基础，只有建设先进的信息网络，才能充分发挥信息化的整体效益；信息资源是核心，是信息化建设取得实效的关键；信息技术应用是目的，集中体现了信息化建设的效益；

信息技术和产业，信息化人才，信息化政策、法规和标准是信息化的支柱，是信息化的有力保障。

3. 信息化的社会意义

信息化对当今社会各方面的发展有着重大意义，具体如下：

（1）信息化能够促使信息产业快速发展，形成新的产业群和经济增长点。

（2）信息化能够促进社会产业结构的优化和升级。

（3）信息化能改变经济增长方式，使其由粗放型向集约型转变。

（4）信息化能为教育和科技带来一系列变化。

（5）信息化能使人们的生活质量得到大大的提高。

（6）信息化将改写以往的军事理论和作战方式，产生新的军事学说。

（7）信息化能够推动经济和社会的发展。

（二）教育信息化的概念

面对世界范围内扑面而来的信息化浪潮，传统的教育系统正面临着严峻的挑战，现代信息技术进入教学领域，引起了教育系统的一系列巨大变化。教育信息化就是将信息作为教育系统的一种基本的构成要素，并在教育的各个领域广泛地应用信息技术，促进教育现代化的过程。

教育信息化的概念是在 20 世纪 90 年代伴随信息高速公路的兴建而提出来的。1993 年 9 月美国克林顿政府正式提出"国家信息基础设施行动计划"，俗称"信息高速公路计划"，其核心是发展以 Internet 为核心的综合化服务体系，推进信息技术在社会各领域的广泛应用，把 IT 在教育中的应用作为实施教育改革的重要途径，教育信息化的概念由此产生。

目前，对于教育信息化学术界有着很多不同的理解。从一些学术论文和学位论文的研究来看，对教育信息化概念的理解主要有以下几种：

（1）教育信息化是在教育过程中比较全面地运用以计算机、多媒体和网络通信技术为基础的现代信息技术，促进教育的全面改革，并使之适应正在到来的信息化社会的过程。

（2）教育信息化是将信息作为教育系统的一种基本构成要素，并在教育各个领域广泛地利用信息技术以促进教育现代化的过程。教育信息化的过程应高度重视对教育系统以信息的观点进行信息分析，并在此基础上将信息技术有效应用于教育中。

（3）所谓教育信息化，是指在教育领域全面、深入地运用现代信息技术来促进教育改革与发展的过程，其技术特点是数字化、网络化、智能化和多媒体化，其基本特征是开放、共享、交互和协作。

（4）教育信息化是将信息作为教育系统的一种基本构成要素，并在教育的各个领域广泛地利用信息技术，促进教育现代化的过程。教育信息化的过程应高度重视对教育系统以信息的观点进行信息分析，并在此基础上保证信息技术在教育中的有效应用。

（5）所谓教育信息化，是指将信息通信技术充分整合应用到教育系统之中，在一定程度上实现教育教学、组织管理、校园生活服务等活动的数字化、网络化、虚拟化，从而提高办学效益和教育教学质量，最终形成适应信息社会要求的新教育模式。

教育信息化是一个在现代信息技术广泛普及的基础上，在现代教育思想和理论的指导下，以多媒体、计算机和网络通信技术为基础的现代信息技术来促进教育的各个环节的改革和发展，达到教育的优化，实现教育现代化的过程。

（三）教育信息化的意义

教育信息化是教育事业中一个新的发展阶段，是一项跨世纪的伟大工程。它关系到国家和民族未来的兴衰，对教育和教育的发展具有重要的实践意义，具体表现在以下几个方面：

1. 实现教育现代化的重要步骤

教育信息化是教育现代化的重要内容和主要标志，是实现教育现代化的重要步骤。教育现代化包括教育思想现代化、教育内容现代化、教育方法现代化、教育技术手段现代化、教育设施现代化、教育管理现代化等要素。在这些要素中，任何一个要素都离不开教育信息化，这是因为教育信息化一方面为教育现代化提供了方法、途径和前提；另一方面教育信息化不仅会极大地丰富教育现代化的内容，同时其对教育思想、教育内容、教育方法、教育手段、教育管理等诸多方面所产生的深刻变革，将成为教育现代化研究的重要内容，也将成为实现教育现代化的主要标志。以教育信息化带动教育现代化是当今世界教育改革与发展的共同趋势，没有教育的信息化，就不可能实现教育的现代化，教育信息化极大地促进了教育现代化的进程。

2. 实现国家信息化的重要途径

第一，教育信息化是国家信息化建设的重要组成部分，甚至可以说是国家信息化建设的战略重点；第二，教育信息化还担负着培养信息化人才的重要使命，是国家信息化建设的重要支撑，为其他信息化提供了技术和智力方面的基础；第三，教育信息化也是国家整个信息产业的重要构成部分，每年数百亿的市场规模拉动着对硬件、软件及服务的需求。因而，在《2006—2020 年国家信息化发展战略》中，国民信息技能教育培训计划已经被设定为我国信息化发展的战略行动。

3. 促进创新人才的培养

教育除了应当使学生在掌握一定的现成知识、具备信息社会要求的素质、掌握当代应用通信技术、积累系统化和知识性的信息资源外，还应使学生懂得如何寻找工具，以及利用工具去获取自己所需要的知识或信息，同时还要具备提出新见解的判断力、表现力和创造力。

教育信息化为培养学生创新能力创造了有效途径：第一，教育信息化利用网络和多媒体技术可以给学生提供更加自由、灵活的探索空间，拓展了学生的视野，增强实际创造力。第二，能够打破教育环境的时空限制，改变教师和学生间的直接交流方式，提供全新的教育模式。第三，把外部世界引入课堂，使学生获得与现实世界较接近的体验，"教师+网络+学生"的新型模式激发了学生的学习兴趣，使"要他学"变为"他要学"。

4. 全体国民素质提高的有效途径

我国是人口大国，东、西部地区及城乡之间的教育水平差距很大，教育发展速度不平衡，严重阻碍了社会的发展。如何消除这种不平衡的教育格局是我国当前急需解决的一个非常重要的教育问题。为了使教育发展与社会发展同步，必须推动教育现代化，实现教育跨越式发展，缩小地域差距，教育信息化将为解决这个问题提供基本的保障条件。随着多媒体教学、远程教育、虚拟大学的诞生，先进的通信技术使教育资源共享的原则得到贯彻，人们开始打破时空限制，体验世界高水平课程，学习选择的自由度大大提高，"因需学习、因材施教"真正成为可能，传统的教和学模式正在酝酿着重大的突破，教育面临着有史以来最为深刻的变革。这意味着把教育置于现代通信技术的平台上，克服体制上的滞后性，可以为大众化高等教育和终身教育体系奠定坚实的物质和技术基础，为全体国民提供更多的受教育机会，使受教育者的学习不受时间、空间的限制，真正实现学习型社会和终身教育的内涵——人人学习、处处学习、时时学习，为人们实现终身学习提供有力保障。

5. 促进教育信息产业的发展

教育信息化的过程是信息技术、信息机器在教育中广泛应用的过程，这个过程必将极大地推动教育信息产业的发展。这是由教育的社会功能和特点决定的。其原因有两点：第一，教育的信息化是为信息化技术的发展和应用积累大量专业人才的技术储备。第二，教育信息化的建设提供了信息产业的重要市场，对启动信息产品及信息的消费市场，建设信息资源有着特殊的作用。教育信息化的发展将为社会培养大批具有良好信息意识的社会成员，使其成为信息服务业的消费群体，促进信息服务业的发展。全国有 50 多万所学校，有上亿的学生，在这些学校全面实施教育信息化对我国的信息产业及经济发展而言是一个极大的商机，提供了一个很大的发展机遇。

总之，教育信息化意味着将教育纳入战略发展重点和现代化建设的整体布局中，真正把教育信息化作为先导性、全局性、基础性产业摆到优先发展的战略地位上，其意义显得十分深远。

（四）教育信息化的结果

信息化教育是信息技术以教育信息化的形式促进教育的结果，是一种新的教育形态，是在现代教育思想和理论的指导下，运用现代信息技术，开发教育资源，优化教育过程，以培养和提高学生信息素养为重要目标的一种新的教育方式。可以说，信息化教育是教育信息化的结果。从宏观和微观两个角度来分析，信息化教育具有如下特征：

1. 信息化教育微观角度的特征

从微观的角度来分析，信息化教育在教学层面上具有以下几个特点：

（1）教材多媒体化。教材多媒体化就是利用多媒体，特别是超媒体技术，建立教学内容的结构化、动态化、形象化表示。多媒体化的教材具有多重感观刺激、传输信息量大、速度快、使用方便、易于操作、交互性强等特点。目前，已经有越来越多的教材和工具书多媒体化，它们不但包含文字和图形，还包括声音、动画、录像及模拟的三维镜像。

（2）教学资源共享化。教育信息化，特别是全球教育网络的形成和发展，打破了过去教育资源种种形式的封闭和垄断，可以使全世界的教育资源连成一个信息海洋，使全球教育资源的共享程度大大提高，有利于全球教育资源的充分利用与效益提高，有利于缩小国家和地区间高等教育发展的差距。目前，网上的教育资源有许多类型，包括教育网站、电子书刊、虚拟图书馆、虚拟软件库等。

（3）教学方式个性化。利用人工智能技术构建的智能导师系统，能够根据学生的不同个性特点和需求提供教学帮助。不同学习者的思维方式、学习习惯、学习条件等的区别导致先进的学习设施并不适合每个学习者，所以可利用信息技术设计不同的媒体组合，构建不同的学习环境，以适合不同学习风格的学习者。为了做到这一点，学生个性的测定，特别是认知方式的检测，将成为教育研究的重要课题。

（4）学习自主化。随着建构主义和人本主义在教育领域的广泛应用，以教师为主导、以学生为主体的教育思想日益得到认同，利用信息技术支持自主学习成为必然发展趋向。事实上，超文本、超媒体之类的电子教材已经为自主学习提供了极其便利的条件。教师、课堂、教材等都可以成为变量，学生可以根据自己的意愿，选择适合自己的学习方式。

（5）活动合作化。通过合作方式进行学习活动也是当前国际教育的发展方向。信息技术在支持合作学习方面可以起重要作用，其形式包括：通过计算机合作（网上合作学习）、在计算机面前合作（如小组作业）、与计算机合作（计算机扮演学生同伴角色）。

（6）管理自动化。利用计算机管理教学过程的系统叫作计算机管理教学系统（CMI），包括计算机化测试与评分、学习问题诊断、学习任务分配等功能。电子学档包含学生身份信息、活动记录、评价信息、电子作品等。电子学档可以支持教学评价的改革，实现面向学习过程的评价。这种评价将促使人们注重学习的过程、思维的过程等。

（7）环境虚拟化。信息化教育的重要特征之一就是教育环境虚拟化，它意味着教学活动可以在很大程度上摆脱物理空间、时间的限制。虚拟化的教育环境，包括虚拟教室、虚拟实验室、虚拟校园、虚拟学社、虚拟图书馆等，由此带来的必然是虚拟教育。

（8）学习终身化。信息化教育倡导终身学习，以人的发展为本。信息化教育的环境虚拟化为学习终身化奠定了基础。在现代社会知识的更新速度是相当快的，周期也较短。而且，随着科技的发展，这种速度会更快，周期会更短。因此，学校再也不是一个为学生的一生准备一切的地方，而是把学校教育当作人生学习过程中的一个基础阶段，个人从出生到死亡必须保持学习的精神。与此同时，社会必须提供更多的学习机会，但是由于时空的限制，传统的学校教育无法满足人民日益增长的学习需求。但是对电子网络教育而言，由于其学习环境的虚拟化，较好地解决了这一矛盾，因此网络教育更能适应人们未来的学习需求，符合终身学习的背景强音。网络教育将为终身学习开辟新的背景。

2. 信息化教育宏观角度的特征

从宏观角度来分析，信息化教育具有以下几个特点：

（1）信息化教育以现代化教育观念为指导。现代化教育观念是在传统教育观念的基础上发展起来的，它具有如下三点内容：

第一，从终身教育的广义角度来考虑整个教育问题，改变过去学校就是教育的狭隘教育观。

第二，倡导主体性，相信学生的自主学习能力，承认、尊重和发展学生的个性，强调个别化教学与学习。

第三，强调教与学的辩证统一，既重视教师教的作用，也重视学生学的作用。

因此，在现代教育观念指导下的信息化教育教学将不再停留在封闭式的传授知识和技能上，而是以素质教育为导向，强调创新精神与实践能力的培养。

（2）信息化教育以丰富的教育信息资源为基础。在信息化教育中，教学资源是关键，特别是利用超文本、超媒体技术建立起的教学内容结构化、动态化、形象化的教育资源。如果没有丰富的、高质量的数字化教学资源，就不能促进学生自主学习，更不可能让学生在学习中进行自主的发现和自主的探索，教师主宰课堂、学生被动接受知识的不良状态就难以得到改变。最终，新型教学结构不能较好地创建起来，创新人才的培养也不能实现。

（3）信息化教育以新型教学模式为核心。信息化教育是以基于现代教育技术构建的新型教学模式为核心的。该种教学模式提倡以学习者为中心，在教师指导下学习。在信息化教育中，学生、教师、教学信息、学习环境等因素相互作用、相互联系，构成一个开放的、系统化的教学信息化模式。这个模式的最终目标是使学生学会学习、能够学习，培养和提高学生的信息素养、创新精神与实践能力。

（4）信息化教育以现代信息技术为支撑。信息技术在信息化教育过程中所起的作用包括：利用多媒体技术、计算机技术和网络技术，以学习者最容易接受的方式呈现信息；以最快捷的方式传递信息；以最符合人的思维规律和思维习惯的方式处理信息。由此可见，现代信息技术在信息化教育中处于支撑地位。当然，上述作用是通过充分利用信息技术的特殊技术优势，构建有效的呈现、传递、处理信息的新型教学模式而得到充分发挥的。

二、当代大学生教育教学信息化现状

我国于1994年拨款建设教育科研网，1998年开始兴办网上大学，并要求国家建设的高等学校所开设的必修课程使用多媒体授课的课时比例要达到30%以上，其他高校应达到 15% 以上。这些对高校多媒体手段在教学中的应用所提出的量的要求，说明了教育信息化在我国有着实实在在的发展。经过这些年的努力，我国无论是教育信息化基础设施的建设、教育信息资源建设、教育软件资源建设，还是教学资源的利用、信息技术的普及，以及教育信息化的政策、法规的完善，都取得了较大发展。尽管这样，我国大学生教育教学信息化依然存在很多问题，具体表现在以下几个方面：

（一）对教育信息化的认识不够充分

虽然教育信息化在我国教育事业中的普及已经达到一定的水平，但是有些高校对教育信息化的认识还不够充分，主要表现为：第一，有些高校对教育信息化的重要性还没有充分认识，只是觉得教育信息化建设就是建立校园网等基础设施，忽略了信息资源、教学平台等多方面的同步建设，没有将其作为一项重要的工作来抓；第二，有些高校虽然在这方面做了一些工作，但没有建立教育信息化的领导决策机构，也没有制定教育信息化的总体规划；第三，有些高校把教育信息化等同于教育管理信息化，忽视了教学信息化这一教育信息化的核心，重管理轻教学；第四，有些高校在信息化建设的机构设置、人员编制上没有做到位，没有形成相应的信息化建设队伍。

从表面上看，教学信息化带来的最先是教学手段的现代化、多媒体化，实际上，深层次的变革是教育教学观念的转变、传统教学模式的改革。据了解，大多数教师对教学信息化的理解仍然是使用多媒体进行教学、制作 PPT 课件、使用相关图片和音像资料、与学生进行邮件交流等。还有许多高校教师已经习惯了多年不变的教案和教学模式，不愿意运用新的技术和方法进行教学活动，这种守旧的观念在很大程度上制约着高校教育信息化的发展。

（二）信息资源建设滞后且缺乏协调合作

教育信息化的核心是教学信息化，教学信息化的基础是信息资源建设。不管是国家教育行政部门还是各个高校，对教学资源的信息化建设都非常重视，不断加大教学资源信息化建设的投入，但目前我国高校的信息资源建设相对滞后，普遍存在着信息高速公路上"有路无车、有车无货"的现象，如教学信息资源质量不高，资源利用率低。许多教学信息资源库容量表面上很大，但是无法精确定位，教师在教学中利用资源库的次数很少，资源库的利用率很低；缺乏教学信息资源管理的概念，仅仅把各类教学内容上传到网络服务器，没有进行很好的分类整理，很难有机地实现信息交流与资源共享，并在资源建设的基础之上开发更为智能的应用。这就造成广大师生对信息设施的使用仅限于一般的信息浏览、发送邮件等基本的应用，远不能满足其在教育教学过程中对信息资源使用的需求①。

究其原因，首先是在宏观上教育行政部门缺乏有力的指导和协调，推动的力度不够；其次是信息资源建设缺乏相对统一的标准，在开发上大家各搞各的，导致重复建设，为以后的兼容留下了隐患；最后是各个高校各自为政，在相对封闭的情况下开展教育信息化建设，在信息资源建设上缺乏协调和合作，这造成了"信息孤岛"的不断产生，分散了信息资源建设的人力和物力，信息资源大量浪费，所以建立相应的配套政策和协作机制迫在眉睫。

（三）师资队伍建设不符合教育信息化建设的要求

教师是教育信息化的实施者，教育信息化对师资队伍的素质提出了很高的要求。在信息技术构建的新型学习环境下，教师不仅要具备教师一般的基本素质，还要具备作为信息背景下的新型教师所应有的素质。目前我国高校现有的师资队伍的素质和能力还不能适应这一新的要求，如教育教学观念还没有发生深刻的变化，教学信息化背景下高校教师对教学过程和教学资源设计、开发、利用、管理的理论与实践知识，以及教育技术概论、学习理论、教学基本原理、教学系统设计理论等的了解、掌握较少；高校教师掌握信息技术知识和应用信息技术的能力参差不齐，不同学科专业、不同年龄的人有一定差异。

究其原因，主要在于两个方面：一方面，教师的教育思想、教育观念受传统教育的影响很深，要接受新的思想观念需要有一个过程。另一方面，教育信息化对教师的知识结构、综合素质、信息化能力都提出了更高的要求，高校教师必须在教学观念上具备现代教育理念，注意趣味性、知识性、实践性，让学生在兴趣

中学知识，在实践中练能力；在教学方法上应具备全新的方法与手段，多在课堂教学中运用现代教育信息技术；在基本素质上具备一定的信息素养，必须具备良好的信息意识，善于将网络上新的知识信息与课本上的知识信息有机结合起来，不断了解和掌握本学科及相关学科的新动向，以新的知识信息开阔学生的视野，启迪学生的思维。同时，教师还必须具有较强的获取信息、贮存信息、加工处理信息、筛选利用信息，以及更新创造信息的能力。此外，教师还要具有运用信息技术手段创造性地组织教学活动的能力。在我国高校目前的师资队伍中，上述这些信息化的素质和能力还相对薄弱，很难适应教学信息化建设的要求，这将直接影响教育信息化的建设。

（四）对教育信息化建设的经费投入不足

教育信息化建设是一项系统工程，既要对硬件等基础设施进行建设，也要对信息资源等软件进行建设，而且教育信息化在初期建设的过程中投入比较大，需要有一定的经费保障。因此，它是一个长期发展和完善的过程，需要投入大量的人力、物力和财力。然而，目前我国高校的办学经费普遍比较紧张，除少数列入国家"211"工程的高校外，大部分高校无法在信息化建设方面投入较多经费，这些也在相当程度上制约着高校的教育信息化建设。而且，一些学校由于经费紧张，减少了信息化建设的投入；还有学校将大量的资金投入到科研建设中，学生的教育教学管理配套设施还停留在勉强维持的状态，不仅制约了自身的发展，也影响了教育教学管理人员工作的积极性、主动性和创造性，影响了信息化建设进程。

第二节　高校高等教育教学信息化建设之路

教育信息化是关系教育改革和教育现代化的系统工程，发展教育信息化是为了使我国现有的教育体系适应信息时代对新一代公民教育的基本要求。尤其是当代大学生的教育教学工作，教育信息化是必然趋势，是培养高级复合型人才的必然要求。因此，要大力加强当代大学生教育教学信息化建设，培养出合格的现代化高级复合型人才。

一、教育教学信息化建设的内容

有学者根据我国教育信息化建设的指导思想总结出，教育教学信息化建设的内容主要包括"四件"建设：硬件建设、软件建设、潜件建设和人件建设。

（一）硬件建设

硬件基础设施建设是教育信息化的基础性因素，没有硬件基础设施建设的发展，就谈不上教育的信息化。硬件基础设施建设的基本目标是建立能使教育者和学习者广泛受益的计算机及网络硬件环境，并能够持续运行、维护和及时更新。硬件基础设施就是信息技术设备和设施，主要包括国家教育网、各级教育网、校园网、电子图书馆、网络教室、多媒体教室、电子阅览室及相关的仪器设备（电视机、录像机、摄像机、计算机、投影仪等）。

（二）软件建设

软件建设的基本目的是为学习者、教师及教育机构提供高质量的软件工具、教育资源和相关服务。软件建设的基本内容包括各类教学平台、学习平台、管理平台、学科资源库、素材库、电子教材、网上课程等。

（三）潜件建设

潜件就是用于组织教学的理论基础和相关学科的研究成果（心理学、学习理论、教育学、传播理论、系统方法等）。潜件建设就是信息技术理论和方法的建设，理论和方法主要是指教育信息化的基础理论、教育信息化建设的基本理论和方法。潜件建设的基本目的就是保证教育信息化实践有坚强的理论指导，使之健康快速地发展。

（四）人件建设

技术是教育信息化中的关键因素，但是技术只有为人所使用才能转化为现实的教育生产力。人件建设的目的就是使学科教师、学生、技术统筹人员、管理者能够适应教育信息化的环境,具备信息化环境所要求的知识技能和运用方式,教师、工作人员能充分提高自己的工作效率,树立现代化教学观念;学生能提高自己的学习效率,培养现代化学习观念;管理者的管理能够满足教育信息化的需求,更好地服务教育教学,树立起现代化的服务观念。教育信息化要从硬件、软件、潜件和人件四个方面同时进行,它们之间相辅相成,缺一不可。

二、当代大学生教育教学信息化建设的路径探析

结合当代大学生教育教学信息化建设现状及教育教学信息化建设的内容,当代大学生教育教学信息化建设应该按照如下路径进行。

(一) 改变教育观念并提高对教育信息化的认识

教育观念与教育技术的联系是非常密切的,它们相互影响、相互促进。因此,高校必须改变教育观念,树立科学的发展观,运用现代化信息、技术提高教学质量,促进高等教育事业迅速发展。同时,树立"以人为本"的教育理念,充分利用现代化信息技术优化教学资源,提高教学效率,培养创新人才。

高校信息化是一个不断发展的过程,既是方法、手段的变革,也是文化的变革。对于信息化的重要性,从国家及教育主管部门制定的一系列推进教育信息化的相关政策与规划中可以看出来。中共中央、国务院于1999年颁布的《关于深化教育改革全面推进素质教育的决定》明确提出要"大力提高教育技术手段的现代化水平和教育信息化程度"。教育部门的决策者和学校的主要领导必须切实重视教育信息化建设,把这一工作列入学校的议事日程和发展规划,并结合学校规模、经济基础、信息化进程,以及应用信息化水平量体裁衣,逐步加强信息化建设。

(二) 加强硬件建设及信息资源等软件建设

在教育信息化建设中,硬件建设与软件建设同样重要,因此要同步建设,共同发展。

1. 基础设施的建设

网络基础设施建设是高校进行教育信息化的前提,在信息化建设中具有不可

替代的作用。高校的网络基础设施建设主要是指高校的校园网建设。随着信息技术的迅速发展与广泛应用，校园网作为数字空间中学校与外界沟通的窗口，已经逐步成为代表学校在虚拟数字信息世界中地位和形象的一个重要表现形式。可以说，校园网是校园信息化的重要基础设施，在校园信息化建设中具有不可替代的作用。校园网强调要在科学规划、慎重实施、通力合作的前提下，建成覆盖全校、技术先进、功能齐全的校园信息网络系统。因此，校园网的建设要注意适当的超前性和高度的可靠性，能够满足教学信息化对数字、图像、视频等大流量数据交换的需要，在信息点的分布上要考虑教学、科研、信息检索等方面的数据密度。同时，校园网还要具备较强的开放性，以方便师生共享教育信息资源。

2. 信息资源的建设

信息资源与材料、能源一起构成了现代文明的三大支柱，属于生产要素、无形资产和社会财富。在教育信息化领域，信息资源是信息化教育最为重要的一部分，可见教育信息化建设的重要性。教育信息资源建设是教育信息化工作的核心，也是教育信息化建设的长期任务。因此，要采取各种激励措施，鼓励教师、管理人员、技术人员开发和制作标准、规范、有特色的信息资源，建设集电子教材、课件、学术文献数据库、管理数据库等为一体的信息资源库。信息资源的开发建设要遵循统一的标准，以便广大师生通过简便的操作进行信息的共享和利用。同时，还要统一个人软件信息采集标准和信息编码标准，实现校内、校际间信息资源的共享和互换，促进高校间的协作。

（三）加强师资队伍信息化培养建设

活跃在教育领域的信息化人才指利用信息技术从事教育、教学、管理及其他服务的各类人员，主要包括从事教学活动的教师、管理人员、技术类人员和理论研究人员。因此，高校教育信息化需要培养四种类型的师资队伍。第一是信息化教师队伍，提高教师的现代信息技术应用能力；第二是信息化管理队伍，使参与教育管理的人员掌握现代信息技术，提高工作效率；第三是信息化技术维护队伍，保证信息化基础设施的正常运行；第四是信息化理论研究队伍，对教育信息化建设中出现的新情况、新问题进行总结、研究、探索，为教育信息化建设提供理论上的支撑和指导。在高校信息化建设过程中，全体人员所具有的信息素养决定了教育信息化建设的程度。因此，要把现代信息技术纳入教师培训之中，定期组织教师进行信息技术培训，健全人才培养机制，不断提高教师、管理人员的教育技术水平和信息素养。

（四）加大教育信息化建设的投入

教育信息化需要人力、财力、物力的保障，其中经费的保障是很重要的一方面。因此，高校要时时关注教育动态，了解教育信息化发展趋势。在高校经费偏紧的情况下，高校需采取社会化措施，多渠道筹集资金，加快高校教育信息化基础建设。同时，高校可充分发挥自己在信息学科方面的人才和科研优势，加快推进信息领域的科研成果转化，推动高校的高科技产业发展，建立新的经济增长点，把信息化建设引入良性发展的轨道，促进高校教育信息化持续快速地发展。

总而言之，只要我们能够紧跟社会发展形势，了解教育发展动态，不断创新观念，不断完善对教育的各项追求，抓住机遇，努力发展，当代大学生的教育教学信息化建设就会取得较大的成就，我国的教育信息化就会有显著的发展，高等教育事业就会在变革和创新中有一个较大的飞跃。

第三章　大数据背景下高校高等教育教学信息化设计与模式

教学信息化是我国当前教学方式的主要发展方向之一，大数据技术的数据分析预测为教学信息化带来了便利。教师应以学生为中心开展教学，充分发挥大数据技术的优势，构建有助于学生自主学习的教学模式，开展教学活动，充分调动学生的学习积极性，并以学生的学习数据为依据，对学生的学习进行合理干预，实现学生学习的"私人定制"，给学生提供精准的学习服务，满足学生的中长期发展需求。教师需要考虑的主要问题是，如何设计好学习任务单，如何设计便于学生自主学习的教学视频，如何在课堂上指导学生开展深度学习，如何设计科学合理的评价方案等。

第一节　大数据背景下高校高等教育教学信息化设计的概念与方法

教学信息化设计是充分利用现代信息技术和信息资源，科学安排教学过程的各个环节和要素，为学生提供良好的信息化学习条件，实现教学过程全优化的系统方法。其目的在于培养学生的信息素养、创新精神和综合能力，从而增强学生的学习能力，提高他们的学业成就。

一、教学信息化设计的概念与特点

（一）教学信息化设计的概念

所谓信息化环境下的教学设计（教学信息化设计），是指运用系统方法，以"学"为中心，充分利用现代信息技术和信息资源，科学地安排教学过程的各个环节和要素，以实现教学过程的优化。具体包含以下四个方面的含义：

（1）强调充分利用现代信息技术和信息资源。

（2）以"学"为中心。

（3）将系统方法作为教学设计的指导思想。

（4）科学安排教学过程的各个环节和要素。

（二）教学信息化设计的特点

（1）教学信息化设计符合素质教育的根本要求和国家新课程标准，注重培养学生的创新精神和实践能力，教学信息化设计的理论基础是建构主义和人本主义学习理论，明确"以学生为主体""以学为中心"，充分利用各种信息资源（尤其是网络上的全球信息资源）来支持学生的"学"。

（2）教学信息化设计不限于课堂教学形式和学科知识系统，而是将教学目标组合成新的教学活动单元，将"任务驱动""问题解决"作为学习与研究活动的主线，以"学"为中心，倡导新型学习模式，如课堂讲授型、个别辅导型、探究型、协作型学习模式；注重培养学生的三种能力，即信息能力、批判性思考能力和问题解决与创新能力；把学生对知识的意义建构作为整个学习过程的评价标准；注重天才培养和学困生个别指导。

（3）教学信息化设计要求教师转变自己的角色，由教导转向引导、辅导，提高自己的信息素养。

（4）教学信息化设计是在多媒体组合教学设计基础上的拓展，包含了多媒体组合教学设计，两者不是对立关系而是包容关系。经典 CAI 设计与教学信息化设计的比较如表 3-1 所示。

表 3-1　经典 CAI 设计与教学信息化设计的比较

比较项	经典 CAI 设计	教学信息化设计
设计核心	教学内容设计，以课件开发为中心	教学过程设计，重视学习资源的利用
学习内容	单学科知识点	交叉学科专题
主要教学模式	讲授/辅导 模拟演示 操练练习	研究型学习 资源型学习 合作型学习
作业方式	个体作业	协同作业
教师角色	教师作为知识施与者	教师作为帮促者
分组方式	同质分组（按能力）	异质分组（互补）
评估方式	针对事实性知识和离散技能的评估	基于绩效的评估

二、教学设计的基本方法

(一) 教学设计的基本过程

教学设计一般包括以下五个重要环节：教学目标分析、学习者特征分析、教学流程设计、学习环境与资源设计、教学评价设计。

1. 教学目标分析

教学是促进学习者朝着目标所规定的方向发生变化的过程，它贯穿于教学活动的始终。教学目标决定着教学的总方向、学习内容的选择、教与学的活动设计、教学策略的选择等。

新课程标准强调，无论哪一门学科，都要在课程的总体目标上落实知识与技能、过程与方法、情感态度与价值观这三个维度的目标。教学目标一旦确定下来，就要用可评价的方式将教学目标描述出来，以便指导教学流程设计、教学评价设计等环节。在分析教学目标时，要抓住以下四个方面：

（1）阐明学习行为的主体。

（2）用行为动词和动宾结构短语表述教学目标。

（3）说明达到该目标的条件。

（4）对和目标相关的行为状况有一个判别的标准。

2. 学习者特征分析

教学设计的最终目的是有效地促进学习者的学习。然而任何一个学习者都会把他原来所学的知识、技能、态度带入新的学习过程中，因此设计的教学系统是否与学习者的特点相适应，或在多大程度上适应学习者的特征，是衡量一个教学设计成功与否的重要指标。

对学习者特征进行认真分析是实现个别化教学和因材施教的重要前提。分析学习者特征时，既需要考虑学习者之间稳定的、相似的特征，又要分析学习者之间变化的、差异性的特征。在教学设计实践中不可能考虑所有的学习者特征，也不是所有的学习者特征都具有设计意义，有些特征是可干预的，有些特征是不可干预的。对于教学设计实践而言，应主要考虑那些对学习者的学习能够产生最为重要影响的，并且可干预、可适应的特征要素。

3. 教学流程设计

教学流程设计包括教学活动的设计、教学策略的选择、教学媒体的选择、学习情境的设计。

（1）教学活动的设计。教学总是以一定的活动方式展开，教学目标也是在一个个教与学的活动中实现的。

（2）教学策略的选择。教学策略的选择和教学活动的设计是教学设计中的核心环节，也是最能体现教育教学观念的一个环节。教学过程中运用的教学策略多种多样，主要有讲授法、启发式教学法、先行组织者策略、演示法、谈话法、讨论法、操练法、示范—模仿法、操作—反馈法、协作法等。

（3）教学媒体的选择。信息技术环境下的教学设计离不开多媒体的支持，要根据教学过程的各个环节选用合适的教学媒体。

（4）教学情境的设计。学习总是与一定的情境相联系，在情境中，只有那些生动、直观的形象才能有效地激发学生联想，唤起学生原有认知结构中有关的知识、经验、表象，使学生利用有关的知识与经验及表象去"同化"或"顺应"学到的新知识。在教学设计与实施过程中，要尽可能创设真实、完整的教学情境。

4. 学习环境与资源设计

环境与资源能为学生顺利开展学习活动提供支持与保证，教师要善于给学生提供适当的硬件、软件环境，以及各种与学习有关的资源。环境与资源对任何学习活动来说都必不可少。

5. 教学评价设计

教学评价是指以教学目标为依据，制定科学的标准，运用一切有效的技术手段，对教学活动过程及其结果进行测定、衡量，并做出价值判断。教学评价主要有导向功能、鉴定功能、监督功能、调节功能、诊断功能和激励功能。

教学评价按照不同的分类标准，有不同的评价类型，其中常见的分类方式有：按照评价功能分为诊断性评价、形成性评价和总结性评价；按参与评价的主体分为自我评价和他人评价。在实际教学工作中，可以开展不同形式的评价，如在"教"前进行诊断性评价，在"教"中进行形成性评价，在"教"后进行总结性评价，并且在教学的任一时期都可以根据实际需要开展自我评价与他人评价。

（二）教学信息化设计的策略

教学实践表明，学生即使掌握了大量的知识，也并不意味着他们能够运用所学的知识去解决真实情境中的问题。原因很简单，教学情境中的问题及其评价标准与真实世界中的情况有很大差别，将教学信息化设计中的课堂教学与真实事件或真实问题相联系，是教学信息化设计的必然选择。因此，教学信息化设计的最基本策略是教学情境的创设和信息资源的设计。

1. 教学情境的创设

建构主义理论认为，个体、认知和意义都是在相关环境中交互、协作完成的，不同的环境能够给学习者带来不同的活动效果。设计环境是教学信息化设计重要的内容，通过创设与实际经验相似的学习情境，来还原知识的背景，恢复其生动性、丰富性，从而使学生能够利用原有认知结构中有关的知识、经验及表象去"同化"或"顺应"学习到的新知识。利用现代化信息技术和信息资源，创设接近真实情境的方式很多，其使用的方法也因不同的学科和内容有很大差异。根据创设的作用和一般方法的相似性可以分为创设故事情境、创设问题情境、创设模拟实验情境、创设协作情境四种。

（1）创设故事情境。创设故事情境是根据教学内容、教学目标、学生原有认知水平和学生无意识的心理特征，通过各种信息技术和信息资源，以"故事"的形式展现给学生，尽可能地调动学生的视觉和听觉感官，进而理解和建构知识。实验心理学告诉我们，获取信息的途径来自视觉、听觉等多种感官，并且多感官的刺激有利于知识的保持和迁移，能够引起学生积极的情绪反应。

（2）创设问题情境。创设问题情境是在教学内容和学生求知心理之间设置疑问，将学生引入与问题有关的环境。问题环境的设计可激发学生的探求欲望，可以引导学生多角度、全方位地对环境内容进行分析、比较和综合，进而建构新的认知结构。在教学信息化中，设计问题环境的方式多种多样，教师可以通过故事、模拟实验、图像、音像、活动等多种途径设置问题环境。

（3）创设模拟实验情境。创设模拟实验情境，要先设计与主题相关的尽可能接近真实情况的实验条件和实验环境，然后利用各种信息资源实现情境设置。创设模拟实验情境可以解决因实验条件不足带来的困惑。恰当的实验可以使学生将学习内容所反映的事物尽量与自己已知的事物相联系，并通过联系加以认真思考，从而建构所学知识的意义。

（4）创设协作情境。协作情境与外部世界具有很强的类似性，有利于高级认知能力的发展、合作精神的培养和良好人际关系的形成。在这种环境中，学习者的角色可以隐藏，教师的角色也发生了转变。教师要掌握的不仅仅是教学内容的逻辑序列和目标的合理安排，更多的是学生的协作情况、学习过程的规划设计。创设协作情境是利用网上多种交流工具，如 BBS、QQ、电子邮件等，通过竞争、协作、伙伴和角色扮演等方式进行学习，针对某一个问题展开讨论交流，共同完成学习任务。信息化协作情境实现了时间和空间上的连续，使交互变得更加容易控制。

2. 信息资源的设计

教学信息化设计的另一个基本策略是信息资源的设计。在教学信息化中，教师不仅要拥有更多的知识，还应该具备设计、开发、利用和评价信息资源的能力，为了避免学生低效的探究活动，在学生自主学习过程中，教师应该适时地提供帮助。当学生遇见新的或困难的学习任务时，教师为他们提供各种材料，包括教师演示文稿、学生范例、单元问题、学习指南或向导，这些更多是以电子文档形式出现，由此构成了丰富的信息资源。学生借助信息资源，通过调查、搜索、收集、处理信息获得知识和技能，提高信息素养，学习不再是被动接受。教师在信息资源设计过程中需要做到以下几点：①突出实用性、有效性、易获取性；②合理运用多种信息表达元素；③提高教育信息的形式强度；④降低干扰；⑤合理利用冗余信息。

3. 学习支架设计

学习支架是根据学生需要，为学生提供的一种临时性的支持，目的是帮助学生完成凭自己的能力不能独立完成的任务，获得进一步的发展。当学生能够成功建构自己的知识或独立完成任务时，学习支架就会从这个过程中撤销，教师逐渐把调控学习的任务全部转移给学生自己，学生逐渐学会为自己寻求和搭建合适的支架，最终成为独立、自主的学习者。在教学信息化中，教师为学生提供学习支架，对增加学习效果和培养学生的自主学习能力具有非常重要的意义。

信息化环境中的学习支架就是教师通过信息媒介为学生的学习提供支持。教师通过信息化环境把学习目标、学习任务等呈现给学生，学生通过信息化环境进行学习，教师通过信息化环境为学生的学习提供指导和帮助，如为学生提供学习资源、对学生的学习提供评价工具等。学生可以利用教师提供的一些工具与教师和同学进行交流，来展示自己的学习效果或表达自己的看法；教师也可以对学生间的交流进行引导，并对学生的学习效果做出反馈。与传统教学中的学习支架相比，教学信息化中的学习支架减少了教师的直接干预，更有利于学生自主学习能力的培养。

4. 学习评价

学习评价引领学习行为，信息化学习评价应着眼于促进学生素质的全面发展，改变以往只注重总结性评价的方式，坚持形成性评价和总结性评价并重的原则，使教学评价成为学生认识自己、激励自己的教育方式和教师改进教学的反馈方式。这样不仅有利于学生综合素质的发展，提高学生分析问题、解决问题的能力，而且还能倡导灵活多样的、开放的、动态的考试方式，注重给予学生更大的自主选择空间，减轻学生的压力，以此来激励学生学习，帮助学生有效调控自己的学习过程，使学生获得成就感，增强自信心，增强合作精神，使学生从被动接受评价转变为评价的主体和积极参与者。教学信息化能否成功，应从以下几个方面进行评价：

（1）是否有利于提高学生的学习效果。在评价学生的学习效果方面，应关注学习目标是否明确，表述是否清楚；是否所有的学习目标都符合相关的课程标准；设计是否考虑到学生的个体差异，是否明确说明如何调整标准以适合不同的学生；教学设计是否能激发学生的兴趣，符合学生的年龄特征，并有利于学生的学习及高级思维能力的培养；是否有利于学生信息处理能力的培养。

（2）技术与教学的整合是否合理。这一方面的评价应注意技术应用和学生学习之间是否有明显的关联；技术在教学设计的实施过程中是否具有不可替代性；把信息技术作为研究、发布和交流的工具是否有助于教学目标的实现；教师是否可以比较轻松地应用教学设计。

（3）是否能够有效评价学生的学习。在评价学生的学习方面，应检验是否设计了一些简单易用的评价工具，用于具体、客观的评价和评估；学生的学习目标和学习成果评价标准之间是否有明确的相关性。

三、教学设计工具

从仅仅为教学设计者在教学策略选择过程中提供一些支持，到完全代替教学设计者进行整个教学开发（教学目标分析、学习者特征分析、教学流程设计、学习环境与资源设计、教学评价设计），教学设计工具在这两个极端之间的位置决定了其支持教学设计的程度。本节主要介绍三种教学设计工具：教学设计模板、教学流程辅助工具、教学设计辅助工具。

（一）教学设计模板

教学设计方板可以为叙事式教学设计方板，也可以是表格式教学设计方板，两者必然包括标题、概述、教学目标分析、学习者特征分析、教学流程设计、教学环境与资源设计、教学评价设计七个基本部分，下面提供表格式教学设计模板以供参考（见表3-2）。

表 3-2　表格式教学设计模板

案例名称			
科目	教学对象	提供者	
课时			
一、教材内容分析			
二、教学目标（知识、技能、情感态度、价值观）			
三、学习者特征分析			
四、教学策略选择与设计			
五、教学环境及资源准备			
六、教学过程			
教学过程	教师活动	学生活动	设计意图及资源准备
教学流程图			
七、教学评价设计			
八、帮助与总结			

（二）教学流程辅助工具：Inspiration

Inspiration 是由美国 Inspiration 公司开发的一种专用概念图软件，因其界面简单、操作直观、容易上手故而受到广大教师的深切喜爱。Inspiration 在教学设计中的应用主要体现为设计形象的教学流程图。

（三）教学设计辅助工具：Mind Manager

Mind Manager 思维导图工具是一种典型的思维导图软件，因其功能上的多种优势被广泛地应用于现代教学中。MindManager 具有多种教学用途，其一便是展示教学过程，辅助教学设计。

第二节　大数据背景下高校高等教育信息化授导型教学与探究型教学设计

传统的传授型教学模式已不能适应能力教育的需要，教师主宰课堂的教育活动忽视了学生能力的培养，扼制了学生个性的发展，使学生成了只会接受知识的容器。要改变这种局面，就要实现一个重要转变：将传授型教学模式转变为授导型教学模式。

一、大数据背景下授导型教学设计

（一）授导型教学设计的特点

授导型教学设计是指在课堂教学中综合运用讲解、示范、练习、自主学习、小组讨论、合作学习、问题化学习等方法的课堂教学形式。授导型教学设计需要考虑教学目标、课程内容、学习者的特点（学习风格、年龄阶段等）、教学方法、教学意图及教学环境之间的相互关系。教学方法的选择需要综合考虑教学目标的要求、学习者特征、教学环境的现状及其他约束条件；在选择教学方法的基础上，还需要进一步综合考虑教学目标、教学内容、学生与教学环境及其他约束条件，从而对教学媒体作出选择。

（二）授导型教学设计的优势

授导型教学相对于一般常用课堂教学具有一定优势，表3-3是授导型教学设计的优势。

表3-3　授导型教学设计的优势

教学方法	优势
讲解	教学效率高、知识标准化、知识结构化
演示	便于理解知识应用情境和了解技能应用过程

续表

教学方法	优势
个别指导	能照顾到学习者的个别需要
操练与练习	适合掌握概念与技能
自主学习	灵活
小组讨论	激发思维、培养学习者自主意识
合作学习、问题化学习	培养团队精神、学习者自主支配

（三）从传统的传授型教学向授导型教学转化

传授型教学是中国多年来传统的教学方式。一支粉笔，一块黑板，一本教材，基本上就是传授型教学的典型模式了。授导型教学与传授型教学的根本区别在于：传授型教学是以教师为主体，老师讲，学生听，将学生置于被动状态。这也是我国教育沿袭已久的主要教学方式，这种教学方式忽视了学生主体的活动过程，教师只是将内容传达给学生，师生互动性较差，而且与当代信息技术突飞猛进的发展现实不相适应。授导型教学是以学生为主体、教师为主导的教学模式，充分调动学生的积极性、主动性。

教学过程是极其复杂的过程，存在许多错综复杂的关系，如教与学的关系、传授知识与发展智力的关系、智力因素和非智力因素的关系等。授导型教学以辩证唯物论为指导，既能发挥学生的主体作用，又能发挥教师的主导作用，把教与学辩证地统一起来；既能传授知识，又能发展智力，把两者辩证地统一起来；既重视智力因素的作用，又重视非智力因素的作用，使两者相互结合，相互促进。

二、大数据背景下探究型教学设计

（一）探究型教学设计的特点

（1）实践性：强调学生的实践活动。

（2）参与性：强调学生主动参与学习。

（3）创造性：强调学生探究创新。

（4）过程性：强调学生探究知识发生发展的过程。

（5）深层次的兴趣：进一步激发学生探究的动力。

（6）深层次的思维：引导学生进一步深入思考。

（二）探究型教学设计需要注意的问题

（1）注意提供直观性、形象性的材料，吸引学生注意力，引导学生观察、思考、探索，归纳教学规律。

（2）注意联系日常活动，提出迫切需要解决的问题，促使学生寻找解决问题的方案。

（3）教师要注意在新旧知识之间搭桥，引导学生复习相关旧知识，指出要探索的目标。

（4）教师要突破传统的教学模式，围绕学生的探究与创新活动组织教学过程，激发探究兴趣，使学生成为探究者、发现者、研究者，鼓励学生超越自我、超越同学、超越教师。

（5）选择一些课件和研究探索的方法。

（6）探究要有一定的时间和空间，教材中蕴藏着大量的探究因素，需要教师挖掘出探究的素材，给学生提供探究的空间。

（7）从挑战性问题出发，并不是任何问题都可以引起学生的兴趣，只有富有挑战性的问题才能激发学生的探究兴趣。

（8）教师要深入钻研教材，确定需要探究的内容。需要探究的内容主要有：实践性较强的知识，迁移性较强的知识，开放性较强的知识。

（9）要在教师指导下以学习者为中心，强调学习者的认知主体作用。

第三节　大数据背景下高校高等教育 教学信息化模式简述

在大数据背景下，对教学信息化模式的研究和推广，将是推动高等教育信息化进程的必由之路。但是大数据环境下的教学信息化模式研究是复杂的系统工程，教学信息化是动态化教学过程，其发展受到诸多因素的影响，应与时俱进地探讨教学信息化模式的实施路径，有效地运用大数据理念来开展教学信息化是发展需要，也是高教改革发展的必经之路。

一、教学模式认知

当前，教育技术领域研究的一项重要命题，就是如何应用现代教育技术创新教学模式。传统教学论中对教学模式有过研究，但是随着教学信息化的开展及现代教育技术学科的发展，人们更多地想从技术应用的视角来创新教学模式。对于教学人员来说，创新教学模式，就必须全面把握教学模式的内涵和构成要素，这样才能以此为依据指导实践创新。

（一）教学模式介绍

1972 年美国学者乔伊斯和威尔出版了《当代西方教学模式》一书，将教学模式率先引入教学论研究领域，拉开了教学模式研究的序幕。20 世纪 80 年代我国教学理论界开始对教学模式展开研究，目前教学模式已成为一个重要的研究领域。然而，对于"什么是教学模式"这个问题，人们仍未形成一致的看法。

教学模式的概念之所以会出现多元界定，一方面是由于教学模式本身的复杂性和多样性，另一方面是由于研究者的出发点和研究视角不同。英国传播学家麦奎尔认为，模式呈现了任何结构或过程的主要组成部分，以及这些部分之间的关系。美国比较政治学家比尔和哈德格雷夫认为，模式是再现现实的一种理论性的、简化的形式。模式有三个显著的要点：一是模式是现实的再现，即模式是现实的抽象概括，来源于现实，并指导现实改变；二是模式是理论性的形式，是一种理论，而非工艺性方法、方案或计划；三是模式是简化的形式，是经理性高度抽象概括后，以简约明了的方式表达出来。教学模式是指对理想教学活动的理论构造，是描述教与学活动结构或过程中各要素间稳定关系的简约化形式。简言之，教学模式是指在一定教育理论指导下和丰富的教学经验基础上，为完成特定的教学目标和内容而建立起来的稳定且简明的教学结构理论体系及其具体可操作的实践活动方式。对教学模式概念的理解，有必要从教学模式的本质特征出发，把握教学模式理论与实践的统一、内容与形式的统一，主要体现在以下三个方面：

从教学理论层面看，教学模式是一种教学结构理论。第一，教学模式接受教学理论（思想）的指导；第二，教学模式揭示了某一教学活动建立的理论基础，对人们从理论上认识和把握教学模式起着重要的作用。

从教学实践层面看，教学模式是具体可操作的实践活动方式。第一，教学模式是教学实践（经验）的基础；第二，它揭示了与某一教学活动相适应的教学方式、程序、步骤，为人们从实践上操作运用教学模式提供了具体指导。

教学模式是教学理论与教学实践的中介和桥梁。一方面，教学模式是对教学实践（经验）的概括化、抽象化和简约化描述，可以上升到理论层次；另一方面，尽管教学模式带有理论的概括性、抽象性和简约性，但它又不比一般理论那样抽象，而是一般理论的具体化、程序化，能以明确和具体的方式、手段指导实践。

（二）教学模式的构成与特征

1. 教学模式的基本构成

（1）理论基础。理论基础是指教学模式建立的教学理论和思想。任何一种教学模式都是以一定的教学理论为基础，并在一定的教学思想指导下提出来的；离开一定的教学理论，教学模式就难以形成；离开一定的教学思想，教学模式也难以存在，而且不同的教学理论又会孕育出不同的教学模式；不同的教学思想又会指导教师选用不同的模式和不同的操作方式。

（2）教学目标。教学目标是指教学模式所能达到的教学结果，是教育者对某项教学活动在被教育者身上将产生的效果做出的预先估计。任何教学模式都是为了完成特定的教学目标而设计和展开的。教学目标在教学模式的构成要素中居于核心地位，对其他因素具有制约作用，也是教学评价的标准和尺度。

（3）操作程序。操作程序是指教学在时间上展开的逻辑步骤及每个步骤的具体做法等。任何教学模式都具有一套独特的操作程序和步骤。由于教学过程的设计与实施要综合考虑学生、内容、方法、媒体等多方面因素，因此操作程序只能是基本的、相对的，而非僵化的和绝对的。

（4）实现条件。实现条件是指为完成一定的教学目标，使教学模式发挥效用所需的各种条件。教学模式的实现条件包括多方面内容，如教师、学生、教学内容、教学手段、教学的时空组合等。认真研究并保证教学模式的实现条件，可以更好地掌握和运用教学模式，成功地达到预期的教学目标。

（5）教学评价。教学模式运用得如何是需要评价的，因而教学评价是教学模式的一个重要因素，包括评价方法和评价标准。由于各种教学模式在目标、操作程序、策略方法上存在不同，因此评价方法和标准也存在差异。各种教学模式一定要规定自己的评价方法和标准。

上述五个因素具有不同的功能，它们之间彼此联系，相互蕴涵，相互制约，共同构成了一个完整的教学模式。理论基础是教学模式得以建立的基础；教学目标是教学模式的核心，制约着其他因素；操作程序是教学模式的环节和步骤；实现条件保证着教学模式的有效发挥；教学评价对教学过程进行着反馈和监控。

2. 教学模式的特征

教学模式作为一种反映或再现教学活动现实的理论性、简约性的表现形式，具有以下几个基本特征：

（1）完整性。教学模式是教学现实和教学理论构想的统一，所以它有一套完整的结构和一系列的运行要求，体现着理论上的自圆其说和过程上的有始有终。

（2）指向性。由于任何一种教学模式都是围绕着一定的教学目标设计的，而且每种模式的有效运用也需要一定的条件，因此不存在对任何教学过程都适用的普遍有效的模式，也谈不上哪一种教学模式是最好的。最好的教学模式就是在一定情况下达到特定目标的最有效的教学模式。教学过程中在选择教学模式时必须注意不同教学模式的特点和性能，注意教学模式的指向性。

（3）操作性。教学模式是一种具体化、操作化的教学思想或理论，它把某种教学理论或活动方式中的最核心的部分用简化的形式反映出来，为人们提供一个比抽象的理论具体得多的教学行为框架，具体规定教师的教学行为，使教师在课堂教学中有章可循，便于教师理解、把握和运用。

（4）稳定性。教学模式是大量教学实践活动的理论概括，在一定程度上揭示了教学活动的普遍性规律。一般情况下，教学模式不涉及具体的学科内容，所提供的程序对教学起着普遍的参照作用，具有一定的稳定性。但是教学模式是依据一定的教学理论或教学思想提出来的，一定的教学理论和教学思想又是一定社会实践的产物，因此教学模式总是与一定历史时期社会政治、经济、科学、文化、教育的水平相联系，受到教育方针和教育目的的制约。因此，这种稳定性是相对的。

（5）灵活性。不仅针对特定的教学内容，要体现某种理论或思想，而且要在具体的教学过程中进行操作的教学模式，在运用的过程中必须考虑到学科的特点、教学的内容、现有的教学条件和师生的具体情况，进行细微的、方法上的调整，以体现对学科特点的主动适应。

二、教学信息化模式的认知

（一）教学信息化模式的概念

随着教学改革的不断深入，信息技术与课程整合已成为教学研究的热点，信息技术与课程整合是指在课程教学过程中把信息技术、信息资源、信息方法、人力资源和课程内容有机结合，共同完成课程教学任务的一种新型的教学方式。教学信息化模式就是信息技术与课程整合的结果，其实质是在先进的教育思想、教育理论的指导下，把以计算机及网络为核心的信息技术作为促进学生自主学习的认知工具与情感激励工具，丰富教学环境的创设工具，并将这些工具全面运用到各学科的教学过程中，使各种教学资源、教学要素和教学环节经过组合、重构，相互融合，在整体优化的基础上，产生聚集效应，从而达到促进传统教学方式根本变革（也就是促进以教师为中心的教学结构与教学模式的变革）和培养学生创新精神与实践能力的目标。

教学信息化模式是根据现代化教学环境中信息的传递方式和学生对知识信息

加工的心理过程，充分利用现代教育技术手段，尽可能多地调动教学媒体、信息资源，构建一个良好的学习环境，在教师的组织和指导下，充分发挥学生的主动性、积极性、创造性，使学生能够真正成为知识信息的主动建构者，达到良好的教学效果。信息化环境下的教学既是对传统教学的继承，同时也是对技术环境下教学新模式的探索与建构，是各类教学模式的结构成分与技术应用条件的"整合"过程。教师是教学模式的实践者和创造者，丰富多变的实践情境是教学模式创新的源泉。信息技术为教学模式的发展提供了丰富的资源、工具及交流与合作平台。

按照教学的实现形式，可以将教学信息化模式划分为以下几种类型，表3-4列出了各种类型下相对比较典型的教学模式，并概括了各个模式的关键特征。

表3-4　教学信息化模式

类型	典型模式	特征
个别授导类	个别指导、练习、教学测试、智能辅导	计算机作为教师，内容特定，高度结构化
情景模拟类	教学模拟、游戏、微型世界、虚拟实验室	计算机产生模拟的情境，可操纵，可建构
调查研究类	案例学习、探究性学习、基于资源的学习	计算机提供信息资源与检索工具，低度结构性资源的利用
课堂授导类	电子讲稿、情境演示、课堂作业、小组讨论、课堂信息处理	计算机作为教具及助教，信息播送、收集与处理
远程授导类	虚拟教室，包括实时授递、异步学习、作业传送、小组讨论等	网络作为传播工具，一定程度的信息与学习工具集成
合作学习类	计算机支持合作学习、协同实验室、虚拟学伴、虚拟学社	计算机与网络作为虚拟社会，一定程度的情境、信息、学习工具的集成
学习工具类	效能工具、认知工具、通信工具、解题计算工具	计算机作为学习辅助工具，多种用法
集成系统类	集成学习环境，电子绩效支持系统，集成教育系统	授递、情境、信息资源、工具之综合

（二）教学信息化模式的特征

教学信息化模式的关键在于从现代教学媒体构成理想教学环境的角度，探讨如何充分发挥学生的主动性、积极性和创造性。我们知道，以计算机为主的现代教学媒体（主要指多媒体计算机、教学网络）的出现丰富了教学媒体的构成，使传统的教学环境呈现出交互性、多媒体性、超文本性和网络性等多种现代教学特性。这些特性改变了学习者的学习地位，使其能够从真正意义上探索知识，实现知识意义的主动建构。在教学信息化模式中，教师从知识的灌输者和课堂的主宰者转变成课堂教学的组织者、指导者和学生意义建构的帮助者、促进者。一般来说，教学信息化模式具有如下特点：

1. 信息源丰富有利于学习情境的创设

现代教育技术手段为课堂教学所提供的教学环境，使课堂上信息的来源变得丰富多彩，教师和课本不再是唯一的信息源，多种媒体的运用不仅能够增加知识信息的含量，还可以充分调动学生的多种感官，为学生提供一个良好的学习情境。

2. 新型教学活动形式有利于提高学生的主动性和积极性

随着现代教育技术手段的加入，尤其是多媒体计算机和网络的引入，教师的主要工作不再是向学生传递知识信息，而是培养学生自主获取知识信息的能力，指导学生的学习探索活动，让学生主动思考、探索和发现，从而形成一种新的教学活动形式。在这种教学活动形式中，学生有时也会处于"传递—接受"式的学习状态，但更多是在教师指导下自主思考与主动探索；教学媒体有时作为辅助教学的教具，但更多是作为学生自主学习的认知工具；教材既是教师向学生传递的内容，也是学生建构知识和认知的对象，这种新型的教学活动形式有利于提高学生的主动性和积极性。

3. 个别化教学有利于因材施教

计算机的交互性为学生提供了个别化学习的可能，学生可以通过多媒体技术完整呈现学习的内容和过程，自主选择学习内容的难易程度和进度，并随时与教师、同学进行交互。在现代教育技术手段所营造的信息化学习环境中，学生可逐步摆脱传统的教师中心模式，由被动学习变为主动学习，有利于因材施教。

4. 互助互动有利于实现协作式学习

计算机的互动特性和网络特性有利于实现培养合作精神、促进高级认知能力发展的协作式学习。在信息化学习环境下，学习者通过协同、竞争或分角色扮演等多种互动形式来参与学习，对问题的深化理解和知识的掌握运用具有重要意义，而且对高级认知能力的发展、合作精神的培养和良好人际关系的形成具有明显的促进作用。

5. 超文本信息组织方式有利于培养创新精神和信息能力

多媒体的超文本特性与网络特性的结合，为培养学生的信息获取、分析与加工能力营造了理想的环境。众所周知，互联网是世界上最大的知识库、资源库，它拥有最丰富的信息资源，而且这些知识库和资源库都是按照符合人类联想思维的超文本结构组织起来的，因而特别适合学生进行"自主发现、自主探索"式的学习，有利于学生发散性思维、创造性思维的发展和创新能力的培养。

第四节　基于问题的探究式与任务驱动教学信息化模式

《国家中长期教育改革和发展规划纲要（2010—2020年）》指出，注重学思结合，倡导启发式、探究式、讨论式、参与式教学，帮助学生学会学习。大数据背景下的探究式教学符合当前课程改革中倡导的"以学生为中心，提升学生探究能力"这一要求，能够有效促进学习者知识与技能、过程与方法、情感态度与价值观的全面发展。

一、基于问题的探究式教学模式

（一）基于问题的探究式教学模式认知

基于问题的探究式教学改变了传统的课堂教学将知识从生活中分离出来的弊

端，让学生在真实情境中学习，将知识和技能直接迁移为解决现实问题的能力，使学习变得更有意义。"探究"就是"通过质疑寻求真理、信息和知识的过程"，探究式教学就是让学生投入问题活动之中，这些问题提供有意义的活动机会，让学生在真实的背景中解决问题，培养高级思维。探究性教学模式的学习对象（即学习主题）是教材中的某一个或某几个知识点，且任何教材都是由一节节的课程内容组成的，而每一节课程内容又包含一个或几个知识点，这就表明信息技术与课程整合的日常教学活动（包括各种不同学科的常规课堂教学活动）都可以采用这种模式。事实上，基于问题的探究式教学模式已经成为能满足各学科常规课堂教学需要的、非常有效、非常常用的课内整合模式之一。

基于问题的探究式教学模式是指在教学过程中，学生在教师的指导下，通过以"自主、探究、合作"为特征的学习方式对当前教学内容中的主要知识点进行自主学习、深入探究，并进行小组合作交流，从而较好地达到课程标准中关于认知目标与情感目标要求的一种教学模式。其中，认知目标涉及与学科相关的知识、概念、原理与能力的理解与掌握，情感目标则涉及感情、态度、价值观与思想品德的培养。在实施信息技术与课程深层次整合的过程中，各学科知识与能力（如阅读、写作、计算、看图、识图、实验及上机操作等能力）的培养，以及健康情感、正确价值观与优秀思想品德的形成，都可通过该教学模式逐步落实。

（二）基于问题的探究式教学模式的特征

基于问题的探究式教学模式的基本特征可以用一句话来概括，"主导、主体相结合"，既重视发挥教师在教学过程中的主导作用，又充分体现学生在学习过程中的主体地位。具体表现在以下两个方面：

1. 高度重视教师在教学过程中的主导作用

尽管基于问题的探究式教学模式主要采用"自主、探究、合作"的学习方式，在教学过程中强调学生的自主学习和自主探究，但是它并没有忽视教师在教学过程中的主导作用。相反，它通过下面四个环节使教师的主导作用在整个教学过程中得到全面的发挥：

（1）当前探究性学习的对象主要由教师确定。如上文所述，探究式教学模式的教学总是围绕课程中的某个知识点（即探究性学习的对象）展开，知识点不是随意确定的，更不能由学生自由选择，而是由教师根据教学目标的教学进度确定的。

（2）探究之前的启发性问题要由教师提出。学习的对象确定后，为了使探究性学习切实取得成效，需要在探究之前向全班学生提出若干富有启发性，能引起学生深入思考，并与当前学习对象密切相关的问题（以便全班学生带着这些问题去探究）。这一环节至关重要，所提出的问题是否具有启发性，是否能引起学生的深入思考，这是探究性学习能否取得效果乃至成功与否的关键，而这类问题必须由教师提出，也只能由教师提出（学生初次接触当前学习对象尚不了解，不可能由他们自己提出与当前学习对象密切相关又富有启发性的问题）。

（3）进行探究时要由教师提供多方面的帮助与指导。带着问题进行探究的过程固然是由学生个人（或学习小组）去完成的，但在这一过程中需要教师提供有关的探究工具（如几何画板、建模软件、仿真实验系统等）和相关的教学资源支持，并对探究性学习中的方法、策略做必要的指导。如果这方面的学习支持与指导不落实、不到位，将会打击学生们的学习信心与学习积极性，使探究性学习的效果大打折扣，甚至完全落空。

（4）探究过程完成后要由教师帮助总结与提高。探究过程完成后，一般要先由学生个人（或学习小组）做总结，而不是直接由教师做总结。一次探究性学习虽然能取得不小的收获，但学生毕竟是初学者，总结起来难免有片面甚至不当之处，全班的讨论交流、集思广益、取长补短在一定程度上可以克服这些片面甚至不当之处。不过，要想让全班学生都能对当前的学习对象有比较深入的理解与掌握，即都能对所学的知识点从感性认识上升至理性思辨，都能做到不仅知其然而且知其所以然，那就还需要教师的帮助。毕竟和学生相比，教师对整门课程有比较全面、透彻、深入的把握。

2. 充分体现学生在学习过程中的主体地位

因为基于问题的探究式教学模式采用"自主、探究、合作"的学习方式，所以在教学过程中特别强调学生的自主学习和自主探究，以及在此基础上实施的小组合作学习活动。由于在此过程中学生们的主动性、积极性乃至创造性都能普遍得到比较充分的发挥，因而这种教学模式不仅可以使学生较深入地理解和掌握知识，还有利于创新思维与创新能力的形成与发展。

但是，为了使探究性教学真正取得成效，除了要充分调动学生的主动性、积极性外，还需要若干富有启发性问题的启发与引导，需要相关探究工具、教学资源、策略的帮助与支持，而这些都离不开教师主导作用的发挥。由此可见，探究式教学模式要想真正成功实施，光有学生的主动性、积极性是不够的，还需要有教师的引导、帮助与支持。换句话说，基于问题的探究式教学模式的成功实施涉及两个方面：既要充分体现学生在学习过程中的主体地位，又要发挥教师在教学过程中的主导作用，离开其中的任何一方，探究性学习都只能无果而终。正因为如此，我们才认为"主导、主体相结合"是这种教学模式的最本质特征。

（三）基于问题的探究式教学模式的结构

基于问题的探究式教学模式结构如图 3-1 所示。

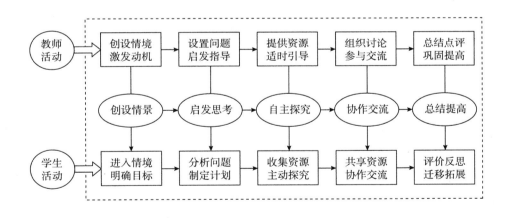

图 3-1　基于问题的探究式教学模式结构

1. 创设情境

创设情境不仅是教师导入教学主题的需要，也是激发学生学习动机和自主探究动机的需要。教师创设情境的方法多种多样：可以设置一个待探究的问题（此问题的解决需运用当前所学的知识），也可以播放一段与当前学习主题密切相关的视频录像，或是朗诵一首诗歌，放送一段乐曲，讲一个生动的小故事，举一个典型的案例，演示专门制作的课件，设计一场活泼有趣的角色扮演。当然，所有这些活动都应有一个先决条件——必须与当前学习主题密切相关，否则达不到创设情境的目的。教师通过上述各种方法创设能激发学生学习动机和探究动机的情境，学生一旦进入教师创设的情境，就可在情境的感染与作用下形成学习的心理准备，并产生探究的兴趣。

2. 启发思考

教师通过情境的创设激发出学生的学习兴趣和探究动机之后，教师应及时提出富有启发性且能涵盖当前教学知识点的若干问题（切忌提出一些有明显答案或明知故问的问题），让学生带着这些问题去学习和掌握有关的知识、技能，这一过程就是主动地、高效地完成当前学习任务的过程。在问题思考阶段，教师对于学生应当如何解决问题，应当利用何种认知工具或学习资源来解决问题，应当如何利用这些工具及资源，以及如何处理在探究过程中遇到的新问题等，都应给出具体的建议和指导；学生则要认真分析教师所提出的问题，明确自己所需完成的学习任务，并通过全面思考形成初步的探究方案。

3. 自主探究

在实施这一步骤的过程中，学生利用教师提供的认知工具和学习资源，或是利用在教师指导下从网上或其他途径获取的工具和资源，围绕教师提出的与某个知识点有关的问题进行自主探究。这类自主学习与自主探究活动包括：学生利用相关的认知工具（不同学科所需的认知工具不同）去收集与当前所学知识点有关的各种信息；学生主动对所获得的信息进行分析、加工与评价；在分析、加工与评价基础上形成学生对当前所学知识的认识与理解，即由学生完成对当前所学知识意义的自主建构。在学生进行自主学习与自主探究的过程中，教师应密切关注学生的学习与探究过程，并适时地为学生提供有效获取和利用认知工具、学习资源及有关学习方法策略等方面的指导。

4. 协作交流

为了进一步深化学生对当前所学知识意义的建构，应在自主探究的基础上，组织学生以讨论形式开展小组内或班级内的协作与交流，通过共享学习资源与学习成果，在协作与交流过程中进一步深化学生对当前所学知识的认识与理解。教师在此过程中应为学生提供协作与交流的工具，同时要对如何开展集体讨论、如何面对小组成员的分歧等协作学习策略做适时的指导，而且教师在必要时也应参与学生的讨论和交流（不能只做场外指导）。协作与交流的过程不仅是学生深入理解知识与情感内化的过程，也是学生了解和掌握多种学习方法的过程。

5. 总结提高

总结提高是实施探究式教学模式的最后一个步骤，其目的是通过师生的共同总结来补充和完善全班学生经过自主探究和协作交流这两个阶段以后在当前所学知识的认识与理解方面仍然存在的不足，以便更全面、更深刻地达到与当前所学知识点有关的教学目标的要求（包括认知目标与情感目标这两方面的要求）。在实施这一步骤的过程中，学生的活动包括讨论、反思、自我评价、相互评价；教师的活动包括点评学生的学习情况，提出与迁移拓展有关的问题，创设相关情境，对当前所学知识内容进行概括总结（以帮助学生了解当前所学知识点与其他相关知识点之间的内在联系）。其中，"提出与迁移拓展有关的问题"可以要求学生运用所学知识去解决某个问题，也可以要求学生运用所学知识去完成某项作品。

二、任务驱动教学模式

任务驱动教学模式借助信息技术环境被广泛应用于多种学科的课堂教学，改变了传统的课堂教学结构，使学生在亲身体验和实践的任务活动中，实现知识内容的自主习得和知识意义的建构。任务驱动教学是在建构主义学习理论的基础上提出的。建构主义学习理论强调：学生的学习活动必须与任务或问题相结合，以探索问题来引导和维持学习者的学习兴趣和动机，创建真实的教学环境，让学生带着真实的任务学习，使学生拥有学习的主动权。学生的学习不单是知识由外到内的转移和传递，更应该是学生主动建构知识经验的过程，通过新知识经验和原有知识经验的相互作用，充实和丰富自身的知识和能力。

（一）任务驱动教学模式的内涵

任务驱动就是将所要学习的新知识隐含在一个总体任务与多个子任务之中，学生通过对教师所提出的任务进行分析、讨论，明确任务涉及的知识点，并指出重点、难点，在教师的指导和帮助下，紧紧围绕一个共同的实际任务活动中心，在强烈的问题动机的驱动下，通过积极主动地运用学习资源，进行自主探索和相互协作学习，并在完成既定任务的同时，引导学生参与学习实践活动。任务驱动是实施探究式教学模式的一种教学方法，从学习者的角度来说，任务驱动是一种学习方法，适用于学习操作类的知识和职业技能。任务驱动教学使学习目标更加明确，适合学生的特点，使教与学变得生动有趣、易于接受。任务驱动的主要特点之一就是围绕任务展开教学，所以任务的设计、编写非常重要，既要注重方法和知识体系，又要注重融入职业技能的文化性、综合性，渗透其他学科知识。

所谓任务驱动教学模式，就是学生在教师的指导下，紧紧围绕某个共同的任务，在强烈的任务动机的驱动下，自主探究、协作学习，从而在任务完成的过程中，实现对所学知识的意义建构，并提高分析问题和解决问题能力的一种教学模式。在这种教学模式中，教师巧妙地设计教学任务，将学生要学习的新知识隐含在一个或多个任务之中，学生通过对任务进行分析、探究，寻求完成任务的途径和方法，最后通过任务的完成实现对所学知识的意义建构。同时，学生在任务的驱动下和学习的过程中，培养了创新意识和创新能力，提高了分析问题和解决问题的能力。

（二）任务驱动教学模式的特征

任务驱动教学模式的基本特征是以任务为主线，以教师为主导，以学生为主体。

1. 以任务为主线

在任务驱动教学模式中，任务的设计处于核心位置，任务贯穿于整个教学过程。从任务的典型特征来看，任务大致可以划分为两类：一类是封闭型任务，另一类是开放型任务。封闭型任务主要侧重于确定的任务类型和任务主题，以促进学生掌握关键性的知识和技能为目标；开放型任务主要侧重于围绕不确定的任务类型或任务主题，以综合培养学生的问题意识和创新能力为目标。任务的真实性和趣味性决定了学习者的学习兴趣，任务的综合性和开放性能够培养学习者的创新思维。任务还应具有目标指向性和可操作性，以便学生探究。整个教学模式就是围绕任务的创设、完成、总结与评价来进行的。

2. 以教师为主导

在任务驱动教学模式中，教师的主导作用体现在以下几个方面：

（1）任务的设计者：教师围绕教学目标提出具体要求，设计出合适的任务。

（2）任务情境的创设者：创设情境是任务完成的前提，需要教师创设有利于完成任务的情境。

（3）任务过程的指导者：教师在学生完成任务的过程中要及时提供必要的指导和帮助。

（4）任务完成的评价者：教师要对学生完成任务的情况进行适当的评价。

（5）课堂的监控者：实时了解学生完成任务的情况，全面引导学生朝着完成任务的方向努力。

3. 以学生为主体

在教学实践中，学生的主体性主要表现为自主性、创造性和协作性。任务驱动教学模式有助于发挥学生的主体性，具体表现为以下几个方面：

（1）提高学生自主探究的能力。任务驱动教学模式将学生置于与当前学习主题相关的、尽可能真实的学习情境中，有效激发学生的学习兴趣，驱使学生主动探究和发现，完成有关知识的建构，从而提高学生自主探究的意识和能力。

（2）促进学生创造能力的发展。任务驱动教学模式使学生从实际出发，提出问题、分析问题、解决问题，在解决问题的过程中建构知识和掌握技能。在完成任务的过程中，学生可以根据自己的理解，自由选择解决问题的方法和途径，通过多角度、全方位的思考，有效促进学生创新思维和创造能力的发展。

（3）培养学生的协作交流精神。教师设计的任务中既要有独立完成的任务，又要有协作完成的任务。所以，学生在完成任务的过程中，需要和教师、同学进行协作与交流，不断调整、完善自己的观点，以促进任务的有效完成。该模式还能进一步培养学生的协作精神。

（三）任务驱动教学模式的结构

任务驱动教学模式的结构如图 3-2 所示。

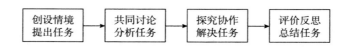

图 3-2　任务驱动教学模式结构示意图

1. 创设情境，提出任务

从建构主义学习理论的观点来看，学习总是与一定的"情境"相联系的。因为在"情境"的媒介作用下，那些生动、直观的形象能有效地激发学生的联想，唤起学生原有认知结构中有关的知识、经验及表象，从而使学生利用有关知识与经验去"同化""顺应"所学知识，发展能力。因此，教师需要创设与当前学习主题相关的，尽可能真实、生动、开放的任务情境。在情境的烘托下，教师选择与当前学习主题密切相关的真实性事件或问题（任务）作为学生学习的中心内容，使学生明确所要完成的学习任务及任务所含的学习目标。

2. 共同讨论，分析任务

给出任务之后，教师需要与学生一起讨论、分析任务，明确完成任务需要做哪些事情，需要解决哪些问题。这些问题可以在教师的引导下由学生提出，也可以结合实际情况由教师主动提出，但必须采用由粗到细、逐步求精的方法。需要指出的是：对于某些任务，不可能在本阶段把所有的问题一次性提出来；对于一些任务中存在的问题，学生也许只能在探究的过程中逐步发现，甚至许多问题都是以前没有学习过的，教师有必要引导学生完成新旧知识的衔接和拓展，这也正是完成这个任务的关键所在。

3. 探究协作，解决任务

针对学生发现的问题，教师要引导学生提出解决问题的各种可能的想法，并形成正确的解决问题的思路和计划。这里并不是由教师直接告诉学生应该如何去解决面临的问题，而是由教师向学生提供解决该问题的有关线索、各种认知工具和学习资源，或者向学生提供工具和资源的获取途径和方法。如果学生需要在课后完成任务，教师也可以借助 Email、QQ、MSN、BBS 等信息交流工具给学生提供必要的指导和帮助。在强调发展学生自主探究能力的同时，教师还应鼓励学生之间开展合作、交流和讨论，通过不同观点的交锋，补充、修正、加深每个学生对当前问题解决方案的理解。

4. 评价反思，总结任务

任务驱动教学是具有反思性质的活动。在任务完成后，学生应以自我为参照进行评价，如"学会了什么""明白了什么""掌握了哪些方法""还需改进和注意的地方"等。学生除了要对个人的探究行为和结果进行自评外，还需对与他人的协作交流活动进行评价，总结经验和不足。通过反思，学生获得了知识，并完善了个人知识体系。

教师有必要对整个任务驱动教学过程作出评价：一是对学生完成当前任务的过程和结果的评价；二是对学生自主探究和协作交流能力的评价。值得注意的是：教师在总结任务的同时，要给予学生中肯的评价和鼓励，使每个学生都能体验到成功的快乐。

从实施程序上看，任务驱动教学模式和探究式教学模式都是从问题或任务出发的，由教师引导学生进行自主探究、协作交流，在解决问题的过程中获得知识的建构和综合能力的培养。但是相对而言，任务驱动教学模式更强调任务的真实性、趣味性和综合性，更注重围绕任务中心激发学生完成任务的内驱力。

第五节　电子白板与电子书包教学信息化模式

电子白板系统是以电子白板设计的交互理念为基础，兼顾电子白板本身的交互性和可操作性的一种变革性的辅助教学手段。电子白板系统引入学科教学后，促进了课堂教学方式的变革，有效地补充了多媒体教学与网络条件下的课堂教学之间的空白，有力地推动了教育技术与学科课程的整合。电子书包作为一种新兴的教育教学工具，其最核心的价值不是呈现和提供信息，其不可替代的价值在于通过技术来增强学习者的思维能力，实现个性化、探究性、社会化、情境化、游戏化、自组织、深度的学习，从而转变教与学的方式，实现信息背景下的教育变革。这不仅是电子书包的核心价值体现，也是我国电子书包教育教学应用的发展趋势。

一、电子白板教学模式

（一）电子白板对教学的影响

电子白板是教师和学生都可以从中受益的一个功能强大的课堂教学工具，它可以有效使用各种资源，增强示范效果，提高师生互动的质量。电子白板通过全新的教学方式，对教学过程进行时间和资源的科学分配，使教学资源得到高效利用，减轻教师的教学压力和学生的学习负担，充分培养学生的创造性思维，调动学生的学习积极性，从而显著地提高教学效果。

1. 对学生的影响

（1）提高学生的注意力和理解力。相对于传统的黑板教学，电子白板支持的教学过程集声音、行为和视觉于一体，可以直观地处理复杂的概念，处理结果更加清晰、高效、动态化，可以帮助学生通过不同的教学手段更好地理解所学的知识。尤其是在学习一些比较抽象的知识和概念时，电子白板为学生提供了多种分析、解决问题的方法和思路。

（2）便于学生复习以往的知识内容，加强学生对新知识的掌握。电子白板可以记录教师的授课内容和过程（包括学生的学习过程），学生只需专心致志听讲，不必忙着记笔记，课后可以直接存盘带走课堂教学资料，有助于学生更好地学习和掌握新知识。

（3）有利于调动学生在课堂上主动学习的积极性和参与性。有研究表明，电子白板支持的教学过程更强调学生的参与和师生、生生的互动，使原来课堂教学中学生不注意听讲、做小动作、随意说话等现象大大减少，提高了学生的学习质量，增强了学习动力和学习自信心。借助电子白板，课堂内容和教学过程更加生动活泼，可以充分调动学生的积极性和创造性，真正做到寓教于乐。

2. 对教师的影响

（1）对教师备课方式的影响。基于电子白板进行课堂教学备课几乎和传统课堂教学备课一样简单易行、快捷高效。利用电子白板备课，教师不必每节课都预先准备课件，教师可根据教学内容，把要用的素材按照交互白板资源库的组织方式事先放入库中，在教学过程中根据课堂实际需要随时调用，这样可以大大节省制作课件的时间和精力。这些单元内容还可以服务其他教师或者用于教师本人以后的教学，满足教师日常备课的需要。

（2）对教师教学过程的影响。电子白板系统能非常灵活地实施教学过程。电子白板所构建的是一个教师们都非常熟悉的类似于传统的"粉笔+黑板"的课堂教学环境，教师不用改变"板+讲解"的教学行为和习惯，可以像使用粉笔一样使用感应笔在交互白板上任意书写和绘图。另外，教师可以对显示内容进行放大缩小、位置变换、角度调整、颜色改变等操作，还可以随时进行注释、标记等，这些功能都非常贴近教师实际的教学需求。此外，教师也不用受计算机操作的约束，完全可以像以前一样站在讲台前，充分展示自身的教学风格和魅力，自由地和学生进行各种交流互动，组织学生开展多种学习活动，活跃课堂气氛，增强课堂教学效果，真正实现信息技术与课堂教学的整合①。

---

① 郝伟. 大数据时代下信息化教学的实践与应用［M］. 北京：北京工业大学出版社，2019.

（3）对教师教学评价活动的影响。评价包括两个方面：对学生的评价和对教师的评价。对学生的形成性评价是当前课堂教学的有机组成部分；而对教师的评价，传统的方式是通过教案、听课、说课、教研活动进行的，两者都缺少对教学实际过程的支持。

交互白板有一个传统黑板不具有的功能，就是记录整个课堂教学过程的所有操作信息，包括教师标记信息、学生参与练习的信息。这些反映真实课堂教学过程的动态资源可以作为对教师和学生进行评价的参考资源，成为开展形成性评价和总结性评价的依据之一。

（4）对教师教学理念的影响。教师教学理念的转变被视作信息技术与课程整合的最大障碍，其转变不是一朝一夕的事情。电子白板在课堂教学中的应用可以对教师的教学观念产生潜移默化的积极影响。信息技术与课程整合中最常见的问题就是教师自我角色的迷失，教师面对信息技术的冲击变得无所适从，有的教师可能会忽视自己常年积累的课堂教学经验和技能，如知识的组织经验、课堂的管理经验、提问策略、动机激发策略等；有的教师可能会迷恋技术的优势，从而忽视教学内容本身，把基于信息技术的教学视为展示自己信息技术的舞台。基于电子白板的课堂教学支持教师使用传统黑板的习惯，教师可以在一个相对"亲切"的环境中使用信息技术，不用改变"板书+讲解"的教学行为和习惯，有利于教师树立信息技术是为教学提供支持和服务的理念，从而消除教师对信息技术所持有的排斥心理，改善长久以来教师只是将信息技术当作课堂教学点缀的教学现象。

（二）电子白板教学应用模式

在实现教学结构与模式的多元化方面，电子白板比当前用于课堂教学的其他信息技术装备具有更大的灵活性和适应性。综合目前已有的教学案例分析，可以发现当前电子白板的课堂教学应用模式主要有三大基本类型：教学资源模式、情境创设模式和交互整合模式。三种教学模式的基本特征比较如表3-5所示。

表3-5 交互式电子白板的三种教学应用模式的特征比较

比较项	教学资源模式	情境创设模式	交互整合模式
电子白板的教学功能与角色	提供教学资源，辅助教师教学	提供学生完成学习任务的情境	将网络的个性化分析、交互交流和实施追踪与学习过程分析融入教学中
适用的学习活动	补充教学素材的不足，拓展学生的学习经验	专题型、问题型，需要进行探究教学的内容	培养学生与他人交流、突破时空限制的学习、实施自主性学习
教师、学生、技术媒体三者的交互角色	教师教学，技术辅助，学生被动学习	学生与技术交互，教师协助	教师、学生与技术媒体的角色动态转变
常用教学策略	操作与练习、举例示范与媒体呈现	探究教学、问题解决、情景模拟和游戏式学习	合作学习、讨论与整合式学习

教学资源模式要求教师以交互白板为核心，整合其他数字化信息技术设备和教学素材，辅助教师多方位地展示教学信息，以扩展或丰富学生的学习经验为主要目的。在这种模式中，电子白板的作用是为教师提供并呈现教学资源，辅助教师教学。教师在教学设计中筛选或整理相关的图片、影片或网页内容等媒体资源，补充教学素材，允许学生浏览教师所建议的媒体内容，以扩展其学习经验。此模式经常用的教学策略是讲述示范和操作练习。此模式实施的关键是教师筛选的媒体内容要与教学目标有很好的契合度，教师要适时观察学生对教学资源的响应，否则可能造成学生认知过载或迷失。

情境创设模式主张不能只是让学生从教师或电子白板的画面中学习知识。在此教学模式中，电子白板已不只是支持或补充教学活动的工具，而是积极安排或刺激学生操作的信息软件或应用设备，让学生沉浸在电子白板创设的情境中，去完成教师提出的学习任务，期望学生在学习任务中解决问题，在思考中建构知识。此模式经常运用的策略包含运用电子白板进行探究教学，提出问题解决策略，采用虚拟现实情景模拟或游戏媒体让学生在操作中理解与获得知识。在情境创设的教学应用模式中，教学实施的关键是教师要告知学生技术操作的技巧，同时还需要随时了解学习者运用科技设备进行的学习过程，并提供适当的回馈。

交互整合模式则是指将交互式电子白板和网络有机结合起来，发挥它们能够克服传统教学时空限制与学习进度一体化困境的优势，让教师能够照顾到每个学生的个人进展，进而实现利用电子白板适应个别化学习过程的目标。在该模式中，电子白板与网络设备构成一个整合式学习系统，以网络服务器为系统平台，整合超媒体、文件传输、同步与异步的交互及系统记录等功能。交互整合模式的关键在于，学生必须在实体教室里熟练与他人交互讨论的技巧与培养计算机网络操作的能力，具备依据自我进度进行学习调节的能力。

二、电子书包教学模式

（一）电子书包对教学的影响

1. 对学生的影响

技术作为学生学习活动和思维发展的参与者与帮助者，在协助学生发展高阶思维能力中的作用早在国际教育界达成共识。新背景下的学生本质上就是"数字原住民"，虽然教师能够使用信息技术，但他们是"数字移民"，在教育领域客观存在着"数字原住民"与"数字移民"之间的文化冲突。让学生使用技术学习，使电子书包的使用像衣食住行一样自然，成为一种"素养习惯"或"学习生活方式"，其实并没有我们想象的那么困难。引入电子书包后，班级差异化互动学习、数字化探究实验学习、小组合作项目学习、个性化学习、能力本位评估引导学习等新型学习方式将成为可能。孩子们天生就是技术能手，我们所要做的只是给予必要的技术条件，创设应用环境并加以必要的引导，学生就会自然而然地将生活中的技术行为转变成课堂中的学习行为。

2. 对教师的影响

电子书包在教育教学中的应用使学生有了一个爱不释手的智能伙伴，这个智能伙伴成为第三方，许多原本由教师承担的任务被机器分担或替代了。教师要学会适应这种关系变化，把机器最擅长的事情交给机器做，把人最擅长的事情留给人做。在这种电子书包所创设的新型信息化学习环境中，学生成了学习的主体，是自主探究者、问题解决者、知识建构者、协作反思者，教师应该转变课堂主角的身份，自愿充当学生的导学者、促学者、助学者、评学者。此外，教师还应具备全新的教学时空观和教学设计理念，关注学生的不同特点和个性差异，发展每一个学生的优势与潜能，对课前、课中、课后，班内、班外，校内、校外的学习活动进行通盘规划，为学生学习能力的发展创建新的技术学习环境。

3. 对教学的变革

从全世界来看，电子书包进入校园已成为一个不可逆转的趋势，电子书包必然会带来一场学习的革命。基于电子书包的"轻负担、高效益"的高互动课堂和随时随地发起的随意课堂不再是一句空话；借助电子书包对学生进行持续、精准的评估（无论是课内还是课外，无论是真实情境还是虚拟情境），支持个性化的普适设计并不断调整学习可达性，使每一个学生获得成功的体验；借助电子书包，教师、家长、学校、社会将形成一个紧密的关联圈，要调动一切资源为每一个学生量身打造适合的学习环境，以促进学生健康、公平的发展。无论课堂内还是课外，学生都可以获得一个有趣且强有力的个性化学习空间，优质的 e-Classroom，e-School、e-Home、e-Museum、e-Library、e-Lab 随手可及；当学生与学习伙伴一起时，电子书包又转变为一个和谐高效的协同学习空间，一流教师的虚拟课堂可以自由参与，兴趣相近的研究同伴可以无障碍联络。受现行考试制度与培养目标不完全协调等方面的制约，这些变革要实现起来并不是一朝一夕的事，需要师生共同实践探索，并在应用中不断反思、改进与创新。

（二）电子书包教学应用模式

电子课本与电子书包的标准研究和行业发展最终均需服务于教学应用实践，并在教学应用实践中得到检验和发展。从电子课本与电子书包的应用群体来看，电子书包的教学应用已经涵盖各个学段，涉及各个学科，以下是电子书包推广试验过程中应用比较广泛的几种教学应用模式。

1. 基于电子书包的"授导互动"教学模式

传统的"授导互动"教学亦称"传递—接受"教学。所谓"传递—接受"是指在教学过程中教师通过口授、板书、演示，学生则通过耳听、眼看、手记来完成知识与技能的传授，从而达到教学目标要求的一种教学模式。其特点是教师易于组织、监控整个教学活动，便于师生之间的情感交流；有利于系统科学知识的传授；能充分考虑情感因素在学习过程中的重要作用。其不足是教师主宰课堂，忽视学生的认知主体作用，不利于创新思维与创新能力的发展。尽管存在上述不足，但"传递—接受"教学模式仍然是我国基础教育常见的教学模式。基于电子书包的"授导互动"教学模式是电子书包在基础教育课堂的应用过程中逐步发展形成的，它实现了"传递—接受"教学模式与电子书包功能的融合，具有较强的实用推广价值。

基于电子书包的"授导互动"教学是指在电子书包平台的支撑下，教师以讲授"引导"互动为主要手段，以知识学习为导向，向学生叙述事实、解释概念、论证原理和阐明规律，同时在教学过程中展开动态测评，并及时调整教学的一种教学应用模式。本章分别从理论基础、教学目标、实现条件、操作程序及教学评价五个方面对上述两种教学模式进行对比，如表3-6所示。

表3-6 "传递—接受"教学与基于电子书包的"授导互动"教学的对比

教学模式比较项	"传递—接受"教学	基于电子书包的"授导互动"教学
理论基础	有意义接受学习理论	建构主义学习理论与教学理论
教学目标	知识、技能学习	以知识、技能学习为导向，兼顾三维目标
实现条件	教学内容计划性强、缺乏变化	教学内容安排以计划为基础，教学过程中依据评测结果，动态生成、灵活调整教学内容
	黑板、投影等	电子书包、多媒体教学环境
操作程序	呈现先行组织者—呈现学习内容—正确运用教学内容组织策略—迁移运用新知识	回顾旧知—创设情境—授导互动—归纳练习—反思评价
教学评价	评价角度、方法单一	动态测评，多维度评价教与学

学习者是学习活动的主体，学习者具有的认知、情感、社会等特征都将对学习的信息加工过程产生影响。因此，对学习者的分析在教学过程中显得尤为重要。在该模式下，依托电子书包平台，课前教师通过互动了解学生的学习需求、知识能力基础、认知结构特点等，并据此对教学内容进行调整，为课程开展奠定基础。

（1）回顾旧知：在课前互动的基础上，教师通过回顾旧知，建立新旧知识之间的联系，学习者倾听讲解，回顾所学知识，唤醒对已有知识、经验的记忆，为即将开展的学习做准备。

（2）创设情境：教师充分发挥电子书包平台的多媒体特性，创设与当前学习主题相关、真实的情境。通过情境创设，有效激发学生的学习兴趣，引导学生参与到课程学习中来。

（3）授导互动：这一阶段包括教师授导、学生自主学习与协作学习。教师借助信息化的手段呈现学习内容，并对内容进行详细讲解与说明。学生在学习过程中，借助电子书包平台实现师生互动交流，围绕学习任务进行自主与协作学习。

（4）归纳练习：依托电子书包的实时测评功能，教师及时发现学生在学习中存在的问题，对教学过程中的内容及侧重点进行及时调整，并动态生成新的教学内容。

（5）反思评价：借助电子书包平台，教师可以对课堂教学效果及学生表现时行评价，促进学生知识的内化迁移与学习反思。基于电子书包的"授导互动"教学是以教师为主导、学生为主体的学习，电子书包平台发挥师生互动、资源呈现、评价测试的作用。在该模式下，教师需要有目的、有选择地使用电子书包平台，充分发挥其功能，避免电子书包自身对教学的干扰，分散学生注意力。

2. 基于电子书包的主题探究式教学模式

基于电子书包的主题探究式教学是指学习者围绕学习主题，运用电子书包进行自主和协作学习，并最终解决问题，形成学习成果。其目的是培养学习者解决问题、自主探究及协作学习等方面的能力，从而提升信息素养与学科素养。在学习过程中，学生成为学习的主体，教师成为支持者和辅助者，学习的结果被弱化，学习过程与合作得到强化。基于电子书包的主题探究式教学是围绕教师与学生两大主线展开的，其具体流程如图3-3所示。

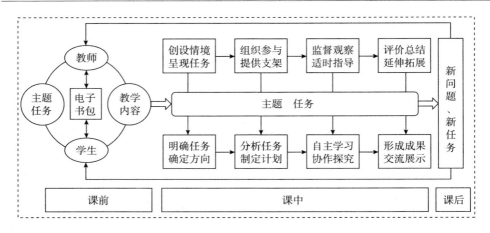

图 3-3　基于电子书包的主题探究式教学模式

借助电子书包平台强大的交互功能，教师与学生围绕学习内容与主题任务进行互动，通过互动，教师了解学生需求，学生对要学习的主题有一定的了解，做到心中有数。

（1）创设情境，呈现任务。教师围绕探究主题，构建真实的问题情境，并呈现学习主题。学生对学习主题进行讨论交流，明确学习任务及学习方向。

（2）组织参与，提供支架。教师组织学生分组，引导学生参与到主题探究中来，并提供学习支架辅助探究。学生以小组为单位对主题进行分析，制订探究计划并安排组内分工。

（3）监督观察，适时指导。学生以小组为单位，借助电子书包的丰富资源和良好互动优势，开展探究性学习。探究过程中，教师发挥指导、监督作用，保证学生探究方向的正确性，并针对难题提供适时适当的指导。

（4）评价总结，延伸拓展。任务完成后，以小组为单位形成学习成果，并借助电子书包平台进行学习成果的交流与展示，师生对学习成果进行评价。教师引导学生进行总结归纳，实现知识的内化与提升。

另外，由于时间等方面的限制，在课堂探究学习的过程中会产生一些新的问题或任务，这些问题或任务可以作为下一次探究学习的起点。

3. 基于电子书包的"学案导学"教学模式

"学案导学"教学模式产生于 20 世纪 90 年代后期，诞生于一线教师的教育教学实践。这种教学模式有利于自主学习、合作学习及研究性学习等多种形式教学活动的开展，能培养学生解决问题、创新协作等方面的能力。其与新课程改革所倡导的教学理念相一致，故一直以来受到广大学生和教师的青睐。

联合国教科文组织在 *Learning：The Treasure Within* 一文中指出，教学应当尊重每一个人的多样性和特性，这一原则应主张摒弃任何标准化的教学形式。关注学生差异，促进学生个性化学习的关键在于以学习的过程代替教学的过程。学案是实现这一转变的有力工具。所谓学案，是在教师广泛调研学生学习的情况下，集思广益，精心编写的指导学生自主学习的教学辅助材料。对于学生来说，它是课前预习、课堂学习、课后复习所使用的工具与方案，是学生主动学习所依据的材料。对于教师而言，它是教师启发讲解的工具与方案。学案具有基础性、差异性、开放性及主体性特点，"学案导学"关注学生之间的差异，不仅注重知识传授，更注重引导学生学会学习、学会创新。

基于电子书包的"学案导学"教学应用模式是指在电子书包教学环境下，以学案为载体，以学生自学、教师导学为手段，以培养学习者学习能力为导向，实现分层教学及课前、课中与课后有机融合的教学模式。在教学中，要充分发挥学案特点，依据学生的差异性，制订分层学案，实现分层教学，满足不同学习需求。同时，提供丰富的学习支架，支持学生学习，注重学习者的问题解决能力、协作学习能力等能力的培养，具体教学流程如图 3-4 所示。

基于电子书包的"学案导学"教学应用模式是围绕课前学案、课中学案、课后学案展开的。

（1）课前：教师编制课前学案，学生依据学案进行知识回顾与预习。教师根据学生的反馈情况进行学情分析，制订分层课中学案，调整教学重难点，并规划课堂教学。

（2）课中：①分层学案。依据学情分析，教师依托电子书包平台分发分层课中学案，学生获得学案后，阅读学案内容，明确学习任务。②学案导学。学生围绕学习任务，开展自主学习或协作探究学习，教师及时观察学生的学习过程，并对学生提供指导，做到重点问题及时突破；对普遍存在的问题进行及时讲解；涉及下节课的内容，鼓励学生课下思考。③学案学习评价。学生完成学习后，教师进行归纳提升，并借助评价测试模块，对学习情况进行评估与诊断。

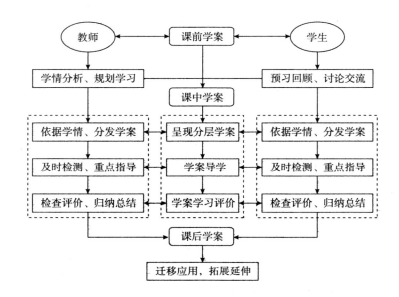

图3-4　基于电子书包的"学案导学"教学应用模式

（3）课后：教师发布课后学案，其目的在于帮助学生对所学知识进行巩固强化。需要指出的是，课后学案并非是一个教学流程的结束；相反，它可以成为下一堂课的开端，成为另一个"课前学案"。基于电子书包的"学案导学"教学充分尊重学生之间的差异，确保学习过程中不同层次的学生都能够"吃饱"。同时，依托电子书包平台，可以实现课前、课中、课后的有效融合，大大拓展课堂所覆盖的范围。教学过程中内嵌"自主学习、协作探究"环节，有助于学生能力的培养。

电子书包在我国还处于起步阶段，还没有形成系统而科学的电子书包教学模式。但不可否认的是，电子书包的教学应用改变了课堂教学结构、课堂教学组织形式、课堂教学交互方式、教师角色及学生学习评价方式，转变了教师的教学理念，使教师从最开始纠结于到底用不用信息技术支持教学到如今思考如何将信息技术用于课堂教学，以及如何有效地利用信息技术支持课堂教学。

第四章 大数据背景下高校高等教育 教学信息化平台建设

大数据时代对高校信息化平台建设提出了更高的要求，信息化平台不仅要能够满足用户的基本需求，还应当能够为用户提供更多、更多元的增值服务，这才是信息化平台的功效与价值的体现。

第一节 大数据背景下教育信息化之微课教学设计

微课运用新媒体技术对视频内容进行二次开发，以视频为主要载体，重新开发和组织内容，将知识进行碎片化、情景化、可视化，使之为各种便捷显示终端提供内容服务，全方位、立体化地呈现内容，为新背景下人们获取知识提供全新的学习体验。微课将给我们的学习带来一场革命性的变革。

一、微课教学与微课教学设计

教学设计是指在进行教学活动之前，根据教学目标要求，运用系统方法，对参与教学活动的诸多要素进行分析和策划的过程。简言之，教学设计是对"教什么"和"如何教"的一种操作方案。微课教学设计是根据微课的教学目标与功能，应用系统方法综合考虑教学中各要素之间及其与整体的本质联系，并在设计微课时综合协调它们的关系，形成时间短、内容精、以视频为主要载体的微课的策划过程。

特别需要注意的是，常规的教学设计是基于教师和学生双边教学活动的设计，整个教学过程包含师生的互动，而微课的教学设计主要是基于教师单边的教学设计，微课中没有师生互动，主要包含微课学习中或者学习后主观与客观测试、讨论与练习。微课的质量高低，首要因素就是微课的教学设计。合理的教学设计是保持学习者注意力的最佳方式，其次才是微课的表达形式。

微课教学设计是教学设计理论在微课开发过程中的应用，微课教学设计应更强调学生的自主学习，要考虑学习时间的零散性与片段性，学习内容的独立性，学习媒介的多样化，学习方式的个性化与网络化。在重难点的微课设计中，微课教学设计应考虑微课讲授知识时的高内聚、低耦合特点。内聚就是指微课内部各个知识模块之间关系的紧密程度，耦合就是各个微课之间知识关联的紧密程度。所以，高内聚强调单个微课描述的知识要紧凑、要独立，低耦合则强调微课与微课间的联系要少，这样学习者更容易明白。在综合知识的微课设计中，要主动加强知识之间的联系，使学习者能够综合运用所学知识。

二、微课教学设计的基本原则

微课教学设计主要遵循微型化、以学习者为中心、实效性、易懂性原则。

（一）微型化

在知识爆炸的时代，信息资源的无限量与注意力的有限性之间存在矛盾，因此微博、微信、微课等微型化的资源受到热捧。微课就是微型课，课程时间短，通常为5~8分钟，最多不超过15分钟。微课要有效利用学习者的碎片化时间，精心设计内容明确、短小精悍的教学视频，以减少学习者的认知负荷，维持学习者的注意力，提高学习者的学习效率。当然，在坚持微型化原则的同时，要注意微课的系统化设计，以保障微视频结构的相对完整性。

（二）实效性

微课是为广大的学习者提供帮助的。在教学设计之前，一定要充分了解学习者真正需要的是什么，在他们学习过本微课之后，是否能够帮助他们顺利解决在日常生活中碰到的现实问题。微课内容的选择要来自真实的生活情景或存在的现实问题，让学习者意识到这节微课是与大家的生活息息相关的。以真实情境引发要讨论的问题，不仅能够激发学习者的学习兴趣，还能保持学习者的学习动机。

（三）易懂性

易懂性原则是指在微课教学设计时要把抽象的问题形象化，复杂的问题简单化。具体来讲，就是教学媒体的选择要恰当，要选择最适合的表现形式。从戴尔的"经验之塔"理论可以看出，各种教学媒体所体现的学习经验层次是不同的，有的属于具体的经验，有的属于替代的经验、间接的经验，有的则属于抽象的经验。因而，不同的教学内容应选择不同的教学媒体来呈现。或者说，不同的教学媒体适合呈现不同的教学内容。

（四）以学习者为中心

微课为学习者服务，往往以学习者的最终学习体验为衡量课程效果的评定标准。在课程设计过程中，课程内容的选择、学习活动和各项资源的组织都要围绕学习者这个中心进行。在课程内容选择方面，应先了解学习者的学习需求，明确他们要的是什么。在学习活动和学习资源的组织上，要充分体现学习者的主体地位，调动学习者的学习主动性，激发学习者的学习兴趣。

三、微课教学设计的基本流程

教学设计的系统模型在微课中的应用应结合职业教育的特点，以及人们对教学设计过程模式的理解与认识，形成微课的教学设计模型。设计微课教学模型应按照以下流程：

（一）学习需要分析

教学系统同其他系统一样，都有一定的目标，教学目标确定的依据之一就是对教学系统环境的分析。这是系统理论中的一条重要原则——教学系统的目标应根据更大的教育系统的环境要求来确定，这是进行教学设计的逻辑起点。针对职业教育，教学目标就是根据受训者所要从事的职业、岗位的具体要求来确定的。

由此可以看出，在制定教学目标之前，必须分析教学系统的环境，分析教学系统环境的过程就是对学习需要的分析。只有客观地分析了学习需要，才能提出并确定教学设计课题的目标。同时，还有许多其他问题需要考虑。例如，开展教学设计需要哪些条件，有哪些不利因素，哪些因素必须考虑进去，哪些因素可以从"轻"考虑，等等。总之，在学习需要分析中，必须解决教师"为何教"，学习者"为何学"的问题。

（二）学习内容分析

根据教育目标的指引，各级不同的学校有不同的培养目标，不同课程要确定不同的教学目标。根据课程目标，确定课程标准，选择教材。在此基础上，依据课程的整体目标，确定单元目标，在确定的过程中，就要着重分析学习者需要学习哪些知识和技能（知识点与技能点），达到什么程度和水平，以及培养何种能力和态度，使身心获得怎样的发展。学习内容的分析与学习者的分析密切相关，不仅要考虑教师如何教授这些内容，更要考虑学习者怎样学习这些内容。总之，在学习内容的分析中，必须解决教师"教什么"，学习者"学什么"的问题。

（三）学习者的分析

奥苏伯尔和加涅等的研究表明，学习者对某项学习目标所具备的知识和技能、了解和掌握的程度是教学工作成败的关键。这就告诉大家，完成教学设计的蓝图必须分析学习者在进入学习过程前所具有的一般特征，必须确定学习者的初识状态，必须注意学习者认知结构的特点，必须了解学习者的学习准备状况。因此，要分析学习者的生理、心理特点，达到某项学习目标的知识和技能的储备状态，并据此进行教学设计。针对生源学习基础参差不齐、学习能力相差悬殊、个性鲜明等情况，无论是在系统设计上，还是在具体课程的教学设计上都要敢于实践与创新。单纯根据教学内容进行微课教学设计而不考虑学习者的水平与能力，不可能获得良好的教学效果。总之，教学设计要以学习者为中心，时刻考虑"谁学"的问题。

（四）教学目标的设计

在对学习需要、学习内容和学习者分析的基础上，对教学目标进行设计和编写。教学系统方法和现代教学理论强调：教学目标应该预先确定，教学目标应该说明学习结果，并以具体的、明确的术语加以表述，在教学活动前，必须把教学目标明确地告知学习者，使师生双方都明确教学目标，做到心中有数，以使教学活动有的放矢。有学者提出，应以学习者通过学习所期望实现的行为改变的具体指标来确定教学目标。泰勒早在 20 世纪 30 年代就有类似的思想，不管从什么角度确定教学目标，它都应是明确的、具体的。明确具体的教学目标有利于教学策略的制定和教学媒体的选择，同时也为教学评价提供了依据。

（五）教学策略的设计

教学目标确定后，要进行教学策略设计。教学策略是实施教学过程的教学思想、方法模式、技术手段三方面动因的简单集成，是教学思维对三方面动因进行思维策略加工所形成的方法模式。教学策略是为实现某一教学目标而制定的、付诸于教学过程的整体方案。它包括合理地组织教学过程，选取具体的教学方法和材料，制定教师与学生所遵守的教学行为程序。教学策略是实现教学目标的重要手段，是教学设计研究的重点。教学策略主要研究课程的类型与结构、教学的顺序与节奏、教学的活动、教学的方法、教学的形式、教学的时空安排等问题。简言之，教学策略主要解决教师"如何教"和学习者"如何学"的问题。

教学策略的设计需要考虑诸多因素，必须创造性地开展教学设计工作，灵活地安排教学活动，巧妙地设计各个环节，合理地安排各种因素，使之形成一个优化的结构，以发挥整体功能，求得最大效益，因此人们应遵循的原则是高效原则。

（六）教学媒体的设计

过去的教学媒体主要是黑板与粉笔，现代科技突飞猛进的发展为教育提供了越来越多的教学媒体。所以，现在可以选择的教学媒体多种多样，选择的余地也很大。

1. 选择教学媒体的依据

（1）依据教学目标。每个知识点都有具体的教学目标，为达到不同的教学目标常需要使用不同的媒体去传递教学信息。

（2）依据教学内容。各门课程的性质不同，适用的教学媒体有所区别。同一学科内各环节的内容不同，对教学媒体的使用需求也不同。

（3）依据教学对象。不同的学生对事物的接受能力不一样，选用教学媒体时必须顾及他们的年龄特征。

（4）依据教学条件。教学中能否选用某种媒体要看当时当地的具体条件，包括资源状况、经济能力，师生技能、使用环境、管理水平等因素。

2. 选择教学媒体的原则

（1）最优决策原则。教学媒体有许多种类，各种教学媒体有其优势与不足，没有适用所有教学情境的教学媒体，所以要在媒体的功效与所付出的代价之间做出最优决策。

（2）有效信息原则。从戴尔的"经验之塔"可以看出，各种教学媒体所体现的学习经验层次是不同的，有的属于具体的经验，有的属于替代的经验、间接的经验，有的则属于抽象的经验。因而，不同的教学内容应选择不同的教学媒体来呈现。或者说，不同的教学媒体适合呈现不同的教学内容。

（3）优化组合原则。各种教学媒体都有各自的优点，也有各自的局限性。没有可以适用所有教学情况的"超级媒体"。各种教学媒体的有机组合可以扬长避短、优势互补，取得整体优化的教学效果。但是，媒体的组合要以取得极佳的教学效果为出发点，而不只是形式上的相加。

总之，不仅要选择教学媒体，还要具体设计教学媒体。教学媒体的设计是根据教学的实际需要和具体要求，将教学内容与方法转换为具体详细、具有可操作性的实施方案，把学习内容充分展示给学习者，使学习者花费最少的时间，投入最少的精力，用最简捷的方式，获得最大的学习效果。

（七）教学过程的设计

经过以上三个分析环节与三个设计阶段，教学设计者可着手设计教学过程，即用流程图的形式简洁地描述教学过程，简明扼要地表达各个要素之间的相互关系，直观地表示教学过程，给教师提供一个可供参考的教学流程。教学设计专家完成的更多是教学设计过程模式的理论模型，实际上具体完成教学设计任务的主体是教师。所以，一般情况下，微课的教学设计可以采用思维导图的方式来实现。

思维导图又叫心智图，是表达发射性思维的有效的图形思维工具，它简单却又极其有效，是一种革命性的思维工具。思维导图运用图文并重的技巧，把各级主题的关系用相关的层级图表现出来①，把主题关键词与图像、颜色等建立记忆连接。思维导图充分运用左右脑的机能，利用记忆、阅读、思维的规律，协助人们在科学与艺术、逻辑与想象之间平衡发展，从而开启人类大脑的无限潜能，思维导图因此具有人类思维的强大功能。

（八）教学设计的评价

经过以上各环节就可得到教学设计的初步产品，即教学设计的实施方案。设计的方案能否带来理想的教学效果，学习需要、学习内容和学习者的分析是否准确、到位，教学目标的确定是否明确、具体，教学策略设计得是否合理、科学，教学媒体的选择与设计是否经济、有效，要回答这些问题，必须对教学设计进行评价。

对教学设计进行评价主要采用形成性评价，也就是在教学设计成果推广使用之前，先在一定范围内试用，以了解教学设计的可行性、有效性、实用性。其中，教学目标的达成度是教学设计实施方案评价的主要方面。如果没有达到预期的教学目标，则要修改教学设计实施方案，然后再试用，再修改，直到满意为止。教学设计评价也可以采用总结性评价。

四、微课的教学顺序

微课的教学顺序在整个教学设计中是非常重要的。由于微课具有短小精悍的

① 张坤颖，李晓岩. 大数据环境下的人工智能教育应用［M］. 北京：学苑出版社，2019.

特点，所以在有限的时间内讲什么内容是非常重要的。因此，应充分考虑如何引入讲授内容，如何吸引学者的注意力，知识如何展开，如何深入与拓展，如何指导，如何结尾等问题。通常来讲，微课的通用教学顺序为引起注意、明确目标、知识讲授、教学指导、教学小结。微课通用的教学顺序如图 4-1 所示。

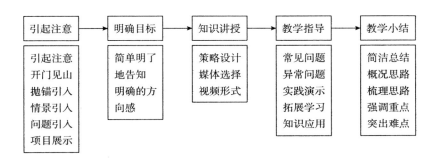

图 4-1　微课的通用教学顺序

五、微课教学设计中可参考的教学模式和策略

分析学习者特征明确了学习的起点，分析教学目标明确了教学的终点，那么如何教与学就是选择恰当的教学模式与教学策略的问题，这也是核心问题。

（一）教学模式和策略

教学模式是在一定的教育思想、教学理论和学习理论指导下，为完成特定的教学目标和内容，围绕某一主题形成的比较稳定且简明的教学进程结构及其具体可操作的教学活动方式。教学模式是教学理论与教学实践的桥梁，既是教学理论的应用，对教学实践起直接指导作用；又是教学实践的理论化、简约化概括，可以丰富和发展教学理论。

一般将教学策略理解为在不同的教学条件下，为达到不同的教学结果所采用的方式、方法、媒体的总和，它具体体现在教与学相互作用的活动中。教学策略分为普遍性教学策略和具体性教学策略。普遍性教学策略是指不与具体的学科知识和技能教学紧密相连的策略，如学习动力激发策略、课堂组织策略、自主学习策略、协作学习策略等。具体性教学策略是指针对某一具体学科知识和技能教学的策略，如语文学科的识字教学策略、作文教学策略，英语学科的听说教学策略、词汇教学策略等。

虽然在实践层面，教学模式、教学策略及教学方法之间常常不是那么界限分明，但学界认为，相对而言，教学模式属于较高层次，规定着教学策略、教学方法。教学策略比教学模式更详细、具体，受到教学模式的制约。在某个教学模式中，可以采用多种教学策略，而且一个教学策略可用于多种教学模式。

（二）常用的教学设计模式

在教学理论的研究与实践中，形成了适用于不同学习结果的教学模式，这些教学模式有些体现了以教为主的教学思想，有些侧重于以学为主。下面列举一些具有代表性、有较大影响力的教学设计模式，供大家根据不同的教学目标和学习内容选择参考。

1. 传递—接受教学模式

传递—接受教学模式适用于认知领域的教学目标，教师控制教学过程，学生能在较短的时间内掌握大量的知识，但不利于学生主体作用的发挥。该模式包括激发学习动机、复习旧课、讲授新课、巩固运用、检查五个主要环节。

2. 九段教学模式

九段教学模式是美国著名教育心理学家加涅提出的一种教学模式。加涅认为，教学活动是一种旨在影响学习者内部心理过程的外部刺激，因此教学程序应当与学习活动中学习者的内部心理过程相吻合。根据这种观点，他把学习活动中学习者内部心理活动分解为九个阶段，相应的教学程序也应包含九个步骤：引起注意—阐述教学目标—刺激回忆—呈现刺激材料—提供学习指导—诱发学习行为（反应）—提供反馈—评价表现—促进记忆与迁移。

九段教学策略由于有认知学习理论作基础，所以不仅能发挥教师的主导作用，也能激发学生的学习兴趣，在一定程度上调动了学生的学习主动性、积极性，建立起了学与教之间的联系，再加上其实施步骤具体明确，可操作性强，因此影响和应用都比较广泛。

3. 引导发现教学模式

该模式适用于认知领域的教学目标，以问题解决为中心，注重学生的独立活动，有利于学生的探究能力和创造性思维能力的培养，需要学习者储备一定的先行经验，比较适用于数理学科。该模式包括提出问题、产生假设、验证假设、总结结论四个环节。

4. 掌握学习

掌握学习是美国心理学家和教育学家布卢姆提出的，旨在把教学过程与学生的个别需要和学习特征结合起来，让大多数学生都能够掌握所教内容，并达到预期教学目标。该模式包括学生定向、常规授课、揭示差错、矫正差错、再次测评五个环节。

5. 抛锚式教学模式

抛锚式教学模式是由温特比尔特认知与技术小组开发的。这种教学模式要求在多样化的现实生活情境中（或在利用技术虚拟的情境中）运用情境化教学技术促进学生反思，提高迁移能力和解决复杂问题的能力。抛锚式教学模式的核心要素是"锚"，学习与教学活动都要围绕着"锚"来进行设计。教学中使用的"锚"一般是有情节的故事，而且这些故事要设计得有助于教师和学生进行探索。在进行教学时，这些故事可作为"宏观背景"提供给师生。该模式在全球范围内产生了较大的影响，并得到了广泛的认可和应用。

6. 随机进入教学模式

由于事物的复杂性和问题的多面性，要做到对事物的内在性质和事物之间相互联系的全面了解与掌握，真正实现对所学知识的全面且深刻的意义建构是很困难的。从单一视角提出的每一个单独的观点虽不是虚假的或错误的，但却不是充分的，从不同的角度考虑可以得出不同的理解。为克服这方面的弊端，在教学中要注意针对同一教学内容，在不同的时间和情境下、为不同的教学目的、用不同的方式加以呈现，避免内容的过于简单化。当条件允许时，尽可能保持知识的真实性与复杂性，保证知识的高度概括性与具体性的结合，使知识富有弹性，以灵活适应变化的情境，增强知识的迁移性和覆盖面。作为教学内容的知识源泉应该是高度联系的知识整体，而不是分割的知识点。换句话说，学习者可以随意通过不同途径、不同方式学习同样的教学内容，从而获得对同一事物或同一问题多方面的认识与理解，这就是所谓的"随机进入教学"。随机进入教学模式主要包括以下几个步骤：呈现基本情境—随机进入学习—思维发展训练（由于随机进入学习的内容通常比较复杂，所研究的问题往往涉及许多方面，因此在这类学习中，教师应特别注意发展学生的思维能力）—小组协作学习—学习效果评价。

7. 支架式教学模式

支架式教学模式来源于苏联著名心理学家维果斯基的"最邻近发展区"理论。最邻近发展区是指学生独立解决问题时的实际发展水平（第 1 个发展水平）和在教师指导下解决问题的潜在发展水平（第 2 个发展水平）之间的距离。可见，学生的第 1 个发展水平与第 2 个发展水平之间的状态是由教学决定的，即教学可以创造最邻近发展区。因此，教学绝不应消极地适应学生智力发展的已有水平，而应当走在发展的前面，不停顿地把学生的智力从一个水平引导到另一个新的更高的水平上。建构主义者从维果斯基的思想出发，借用建筑行业中的"脚手架"作为上述概念框架的形象化比喻。所谓脚手架，是指教师所能提供给学生的，帮助学生提高现有能力的支持形式。支架的例子包括教师揭示或给予线索，或帮助学生在停滞时找到出路，通过提问帮助他们诊断错误的原因并修正策略，激发学生达到任务目标的兴趣，指引学生的活动朝着预定目标发展。通过这种"脚手架"的支撑作用，不断地把学生的智力从一个水平提升到另一个新的更高的水平上，真正做到使教学走在发展的前面。支架式教学策略由搭"脚手架"、进入情境（将学生引入一定的问题情境）、独立探索、协作学习、效果评价等环节组成。

在以上几种模式中，传递—接受教学模式和九段教学模式主要体现了以教为主的教学思想。引导发现教学模式、支架式教学模式、抛锚式教学模式及随机进入教学模式都特别强调情景创设、学生主体作用的发挥，倡导自主、合作、探究的学习方式和策略，因而其具有更鲜明的信息化环境下的教学特征。除了上述几种模式外，近些年在教学信息化实践中已逐渐探索和形成了很多教学信息化模式。由于自主、合作、探究的学习方式既是教学信息化的主要特征，也是新课程改革所倡导的学习方式。以下将重点对自主学习策略和协作学习策略做进一步介绍。

（三）自主学习策略

自主学习策略的核心是要发挥学生学习的主动性、积极性，充分体现学生的认知主体作用，其着眼点是如何帮助学生"学"，因此虽然这类教学策略的具体形式也是多种多样的，但始终有一条主线贯穿始终，即"自主探索、自主发现"。所以，通常也把这类教学策略称之为自主学习策略或发现式教学策略。然而，由于一些教师对自主学习缺乏深入了解和深刻认识，导致在实践中出现了诸多问题。

缺乏明确的学习任务。学习过程松散而效率低下，一切从学习的"需要"和"兴趣"出发，课堂处于放任自流的状态。缺乏必要的指导。教师在课堂上为了多给学生留出"自由"的空间，不敢多讲一句话，不敢多提学习要求，不敢多对学生的学习做出适当的评价。

自主学习活动花样繁多。为了自主而"自主"，缺乏对教材内容、学生的特征等的深入分析，在形式上追求丰富性，忽略了促进学生的意义建构这一根本目的。因此，在自主学习设计中，应该注意以下几方面：

重视人的设计。要在学习过程中充分发挥学生的主动性，体现学生的首创精神，环境是促进学习者主动建构知识意义的"外因"，理想的学习环境是必要的，但学习者是学习的"内因"，缺乏人的自主学习，意义建构无从谈起。设计的重点要放在能够促进学习发展上，而不是活动的形式上。

目标明确。在自主学习中，学生对知识的意义建构是整个学习过程的最终目的。在学习过程中强调对知识的意义建构无疑是正确的，但如果不分析学习目标，对当前所学内容不加区分，一概完成"意义建构"（即深刻的理解与掌握）是不恰当的。正确做法应该是，在进行教学目标分析的基础上选出当前所学知识中的基本概念、基本原理、基本方法和基本过程，将它们作为当前所学知识的"主题"（或者说"基本内容"），然后再围绕这个主题进行意义建构。另外，要让学生有多种机会在不同情景下应用他们所学的知识，即将知识外化。

让学习者根据自身行动的反馈信息来形成对客观事物的认识和解决实际问题的方案，即实现自我反馈。

重视教师的指导。教师是学习过程的组织者、指导者，教师要对学生的意义建构起促进和帮助作用。在充分体现学生主体作用的同时，不能忽视教师的指导作用。

（四）协作学习策略

协作学习是以小组或团队的形式，组织学生协作完成某种既定的学习任务的教学策略或形式。在协作学习过程中，学习者之间以融洽的关系、相互合作的态度，对同一问题运用多种不同观点进行观察、比较、分析和综合。学习者共享学习资源，共同担负学习责任，共同享受成功的喜悦。常见的协作学习策略有讨论策略、角色扮演策略、竞争策略、协同策略和伙伴策略。

1. 讨论策略

讨论策略的运用要求是整个协作学习过程均由教师组织引导，讨论的问题皆由教师提出。课堂讨论教学策略的设计通常有两种不同情况：一种是学习的主题事先知晓；另一种是学习的主题事先未知。多数的协作学习属于第一种情况，但是第二种情况在教学实践中也会经常遇到。

2. 角色扮演策略

角色扮演包括师生角色扮演和情境角色扮演两类。师生角色扮演就是让不同的学生分别扮演学习者和指导者的角色，学生需要解答问题，指导者则检查学习者在解题过程中是否有错误。当学习者在解题过程中遇到困难时，指导者帮助学习者解决困难。在学习过程中，他们所扮演的角色可以互换。情境角色扮演要求若干学生按照与当前学习主题密切相关的情境分别扮演其中的不同角色，以便营造一种身临其境的气氛，使学生能设身处地地去体验、去理解学习的内容和学习主题的要求。

3. 竞争策略

竞争指两个或多个学习者针对同一学习内容或学习情境，通过计算机网络进行竞争性学习，看谁能够最先达到教学目标的要求。由于学习者的竞争关系，学习者在学习过程中会很自然地产生人类与生俱来的求胜本能，所以学习者在学习过程中会全神贯注，易于取得良好的学习效果。在运用这种协作学习策略时，教师须恰当选择竞争对象，巧妙设计竞争主题，一方面要避免学生产生受挫感，另一方面要巧妙利用学生不愿服输的心理刺激其进一步学习。

4. 协同策略

协同是指多个学习者共同完成某个学习任务，在共同完成任务的过程中，学习者发挥各自的认知特点，相互争论、相互帮助、相互提示，或是进行分工合作。学习者对学习内容的理解和领悟就在这种和同伴紧密沟通与协作的过程中逐渐形成。

5. 伙伴策略

在现实生活中，学生们常常与自己熟识的同学一起做作业。没有问题时，大家各做各的，当遇到问题时，便相互讨论，从别人的思考中得到启发和帮助。伙伴学习策略与此类似，它可以使学生在学习过程中感觉到他并不是孤独的，而是有伙伴可以互相支持、互相帮助的，当遇到问题时，他可以随时与伙伴讨论。由于个人的思考范围有限，若在学习过程中能和伙伴相互交流、相互鼓励，可达到事半功倍的效果。在设计协作学习策略及协作学习过程时，要注意以下几方面：

（1）建立合适的协作小组。协作学习是指学习者组成一个群体，互相帮助，共同学习，通过协商和辩论，加深对问题的认识。因此，形成一个适当规模和构成层次相当的协作小组对协作学习的成功非常重要。如果规模不合适或协作者之间基础相差悬殊，则可能无法形成协作或协作不充分，协作学习自然失败。

（2）学习主题具有挑战性，问题具有争论性。协作学习的主题可以由教师指定，也可以由学生自行确定。学习者协作解决的问题可以是围绕主题且能够引起争议的初始问题，也可以是深化主题的问题，还可以是稍稍超前于学生的智力发展水平的问题，这些问题是否具有可争论性关系着是否有必要组织协作学习。

（3）重视教师的主导作用。协作学习的设计和学习过程都需要教师的组织及引导，教师要设计有争议的问题及评价方式。在协作过程中，教师要关注每位学生的表现，对学生表现出的积极因素给予及时的反馈和鼓励。如果学生的讨论出现离题或开始纠结于枝节问题时，要及时给予正确引导，将其引回主题。当学生在讨论过程中暴露出关于某个概念或认识的模糊或不正确的观点时，要用适当的方式进行引导。对于整个协作学习过程，教师要做出恰当的评价。

现代信息技术在学生的自主学习和协作学习方面能够提供有效的支持。信息技术可以为学生提供探索的问题情境，提供可以利用的各种信息资源和工具，支持学生之间的合作和沟通，并更好地超越课本与教材的限制，拓展学生学习的空间。近年来，计算机支持的协作学习使协作学习超越了时空的限制，拓展了学习的空间。

六、其他微课教学设计模式应用

（一）抛锚式微课教学模式应用

1. 抛锚式微课简介

建构主义"以学为主"的教学策略有支架式教学、抛锚式教学和随机进入教学三种。这三种教学策略都体现了以学生为中心的教学设计，能有效地促进学生的自主学习和对知识意义的主动建构。

抛锚式教学是指在多样化的现实生活背景中或在利用技术虚拟的情境中，运用情境化教学技术促进学生反思，提高迁移能力和解决复杂问题能力的一种教学方法。抛锚式教学是一种学习框架，它主张学习者在基于技术整合的学习环境中学会解决复杂问题。在这种学习环境中，学生的学习内容和学习过程是真实的，所学结果具有较高的迁移性，使学生的学习变得有意义。

抛锚式教学要求建立在有感染力的真实事件或真实问题的基础上。确定这类真实事件或真实问题被形象地比喻为"抛锚"，因为一旦这类事件或问题被确定了，整个教学内容和教学进程也就确定了（就像轮船被锚固定一样）。建构主义认为，学习者要想完成对所学知识的意义建构，即达到对该知识所反映事物的性质、规律，以及该事物与其他事物之间联系的深刻理解，最好的办法是让学习者到真实的环境中去感受、去体验（即通过获取直接经验来学习），而不是仅仅聆听别人（如教师）关于这种经验的介绍和讲解。

由于抛锚式教学要以真实事件或真实问题为基础（作为"锚"），所以有时也被称为实例式教学或基于问题的教学。抛锚式教学的核心要素是"锚"，学习与教学活动都要围绕着"锚"来进行设计。教学中使用的"锚"一般是有情节的故事，而且这些故事要设计得有助于教师和学生进行探索。在进行教学时，这些故事可作为"宏观背景"提供给师生。该模式在全球范围内产生了较大的影响，已得到了广泛认可和应用。抛锚式教学的基本环节包括创设情境、确定问题、自主学习、协作学习、效果评价。然而，由于微课本身是一种单向的教学，因此抛锚式微课教学更多是基于真实事例或问题的实例式教学，或者是基于问题的教学。

2. 抛锚式微课教学模式设计

抛锚式教学的主要目的是使学生在一个完整、真实的问题、事件或环境（具体来讲就是一个事件、一个真实的设备场景，或者是一个真实的项目）中产生学习的需要，并通过学习者共同体中成员间的互动、交流（即合作学习），凭借自己的主动学习，亲身体验从识别目标到达到目标的全过程。总之，抛锚式教学是使学生适应日常生活，学会独立识别问题，提出问题、解决真实问题的一个十分重要的途径。

3. 抛锚式微课的适用场合

抛锚式微课适用于思想政治类、财经类等文科或者素养类系列专题微课的开发，因为这种类型的课程通常以视频、动画、图片的方式把学生引入相关的事件当中，表达方式相对单一。如果针对工科类课程，则涉及相关的实践项目，具体包括项目的展示、问题的分析、教师的相关操作与演示等。

（二）开门见山式微课教学模式应用

1. 开门见山式微课简介

开门见山表示直接点明主题，不拐弯抹角。开门见山式微课表示教师在微课刚开始时直接介绍本节微课的主要内容与学习目标。这种开讲方法能够引起学生的高度注意，便于其抓住本节课的知识脉络。通过对本节重点概念或关键问题的简单介绍，引入知识内容，既突出了授课的重难点，又是一种微课知识引入的良好方式。

开门见山式微课，即在视频刚开始时就直接阐述微课的题目，简洁明了，关于这一点，微课与传统授课的过程还是有区别的，即微课略去了课堂语言。开门见山式微课主要针对学习兴趣比较浓厚、积极性较强的学习对象。

2. 开门见山式微课教学模式设计

开门见山式微课的教学内容通常简洁明了，直接切入主题。在开门见山式微课教学设计中，知识点的引入要能直接引起学习者的关注，知识的讲解要紧凑，教学媒体的选择要适合表现形式，注重直观形象，通俗易懂，教学总结要突出重点，还可以设置一些问题，以检验学生的学习效果。

3. 开门见山式微课的适用场合

开门见山式微课直接点明主题，明示讲解的主要内容与学习目标。这种方法能够引起学生的足够注意，便于其抓住本节课的知识脉络。这种方式适用于主动学习的学生，或是目标明确、积极向上的学习对象。开门见山式微课适用于课程的概念阐述、重难点解析和疑惑点解析。此类微课适合在教材配套的数字资源中使用。

（三）情境式微课教学模式应用

1. 情境式微课简介

情境，即情景、境地，也就是在一定时间内各种情况相对的或结合的境况。从社会学角度讲，情境指与个体直接联系着的社会环境，与个体心理相关的全部社会事实的一种组织状态。从心理学角度来讲，情境指对象和时间等多种刺激模式，是对人有直接刺激作用，有一定的社会学意义和生物学意义的具体环境。综上所述，情境是指能使人引起情感变化的具体自然环境或社会环境。建构主义强调用真实背景中的问题启发学生的思维，其所指的真实背景就是情境。从学生角度来看，情境可以理解为促使学生产生学习行为或开展学习活动的环境和背景，它是提供给学生思考空间的智力背景，能产生某种情感体验，并诱发学生提出问题和解决问题的一种刺激事件或信息材料。

情境可分为三类：第一类是真实的情境，指人们身边真实而具体存在的群体和环境；第二类是想象的情境，指在人的意识中存在的群体和环境，人与意识通过各种媒介互相影响和作用；第三类是暗含的情境，指某人或群体的某种行为中包含的某种象征意义。构成情境的要素有目标、角色、时空、设施、阻碍因素等。

教学情境通常指具有一定情感氛围的教学活动。孔子说："不愤不启，不悱不发。举一隅不以三隅反，则不复也。"孔子的这段话在肯定启发作用的情况下，强调了启发前学生进入学习情境的重要性。所以，良好的教学情境能充分调动学生的学习主动性和积极性，激发学生的思维，开发学生的智力，是提高教学效果的重要途径。教学情境是指教师在教学过程中运用各种手段与方式创设的一种适教和适学的情感氛围。良好的情境可以使教学内容触及学生的情绪和意志领域，让学生将学习活动变为自己的精神需要，从而使课堂教学充满生命力。教学情境是课堂教学的基本要素，是教师教学意图的体现，创设有价值的教学情境是教学改革的重要追求。情境可以贯穿于整个微课，可以在课的开始、课的中间或课的结束。一个好的教学情境应具备如下条件：

（1）生活性，要注重联系学生的现实生活，要充分挖掘和利用学生的经验。

（2）问题性，提出的问题要具有一定的挑战性，有利于学生创造能力的培养。

（3）形象性，适合不同认知水平的学生学习，以引起学生的学习动机和兴趣。

（4）情感性，具有激发学生情感的功效。

（5）学科性，符合教学目标、教学内容、教学要求。

情境教学是指在教学过程中，依据教育学和心理学的基本原理，根据学生年龄和认知特点的不同，通过建立师生间、认知客体与认知主体之间的情感氛围，创设适合的学习环境，使教学在积极的情感和优化的环境中展开，让学习者的情感活动与认知活动相融合，激活学习者的情境思维，从而在情境思维中获得知识、培养能力、发展智力的一种教学活动。它是利用具体的场景或所提供的学习资源来激发学习者主动学习的兴趣、提高学习效率的一种教学方法。

传统教学与情境教学的区别在于：传统教学是把存在于自然状态中、时间中、空间中零散的知识抽取出来，直接呈现和传授给学生，让他们去理解记忆。情境教学则是教师把自然状态的，在时间和空间中分散存在的情境，有目的地进行加工，并组成有机的学习情境来组织课堂教学，学生在情境中发现问题和获取知识。不同的教学方式会引起完全不同的教学效果，在传统教学中学生完全脱离知识和应用的背景，无法发现知识形成的途径，获得的知识难以应用于实践及解决实际问题；在情境教学中学生得到学习策略和方法的锻炼，获得的知识与实践能够紧密结合。

情境教学重视创设情境、设置任务、激发兴趣，关注学生的内心体验与主动参与，把学生带入与教学内容有关的情境，让他们在情境中捕捉各种信息，产生疑问、分析信息，并引出各种设想，引导他们在亲身体验中探求新知，开发潜能。为此，可从以下几方面进行实践：

（1）生活实例式。将学生熟悉的生产与生活的实际问题引入新课，使学生感知书本知识和生活实际的紧密联系，从而激发学生的求知欲望。例如，在学习数据库时，可以让学生思考如何整理归纳班级学籍信息，如姓名、年龄，性别、籍贯和科目成绩等，从而引出如何建立学籍管理数据库。

（2）创设悬念式。针对微课内容精心创设任务情境，让学生的思维在情景中尽情展开，并适时设疑，利用学生的好奇心、好胜心引入新课。

（3）实验演示式。英国教育心理学家斯托克维尔说："要想快速而有效地学习任何东西，你必须去看它、听它、感觉它。"通过实验演示或实物展示，把抽象、枯燥的内容具体化、形象化，使学生获得直观的感性认识，加深对学习对象的理解。例如，课前准备了废旧的硬盘、光盘、U盘和移动硬盘等，让学生从存储介质、组成材料、容量、存取速度等各方面分辨这几种外存储器的区别，从而引入"外存储器"的学习。再例如，请学生动手交换A、B杯中的可乐和橙汁，反映出现第3个空杯子的必然性，为本堂课讲解数据交换中"中间变量"的作用打下坚实的基础。

2. 情境式微课教学模式设计

在情境式微课中，情境的创设要贴近生活，以吸引学习者，与学习者产生共鸣，增加关注度。

知识的讲解要注意层次性，注重引导学习者思考。教学媒体的选择要适合表现形式，注重直观形象、通俗易懂。问题的讲解要注重情境的延续性，最终要解决情境中的问题。总结考核最好设置一些问题，以检验学生的学习效果。如果存在没有掌握的知识，可重新学习。

3. 情境式微课的适用场合

生活展现情境能使学习者直接、鲜明地感知目标，易于在观察中启发想象，比较适合认知类、思政类和素养类课程。实物演示情境具体直观，易于现场观摩、操作，适用于汽车、机床等实践操作类课程。图画视频再现情境易于针对问题，分析问题，贯穿解决问题，适用案例分析类课程，如会计、心理健康、法律基础等。虚拟仿真情境可以描述成本较高、难以演示、有安全隐患的场景，如医学类、网络基础、通信类、电子与电气类、数控加工模拟等课程。音乐渲染情境适用大学语文、大学美育、体育类课程。表演体会情境可分为进入角色和扮演角色，适用于情景剧式微课的制作。在语言描绘情境中，语言要具有主导性、形象性、启发性和可知性，比较适用素养类、讨论式的课程。情境的创设要选择适合的老师、恰当的数字媒体资源，表现力较强的老师可以使用语言描绘情境，音乐可以依托音乐渲染情境，图画、视频、动画可以描述图画视频再现情境，还可以描述生活展现情境等。

（四）探究式微课教学模式应用

1. 探究式微课简介

《辞海》将探究解释为"深入探讨，反复研究"。探究有广义与狭义之分。广义的探究是一种积极主动的思维方式，泛指一切独立解决问题的活动；狭义的探究专指科学探究或科学研究。简单地讲，"探究"就是努力寻找答案，解决问题。

美国学者彼得森认为，"科学探究是一种系统的调查研究活动，其目的在于发现并描述物体和事物之间的关系。其特点是采用有秩序的和可重复的过程，简化调查研究对象的规模和形式，运用逻辑框架作解释和预测。探究的操作活动包括观察、提问、实验、比较、推理、概括、表达、运用及其他活动"。

探究式教学就是以探究为主的教学。具体地说，它是指教学过程中，在教师的启发诱导下，以学生独立自主学习和合作讨论为前提，以某个知识点或者技能为基本探究内容，以学生周围的世界和生活实际为参照对象，为学生提供充分自由的表达、质疑、探究、讨论问题的机会，让学生通过个人、小组、集体等多种解难释疑的尝试活动，将自己所学的知识应用于解决实际问题的一种教学形式。探究式教学就是将科学作为探究过程来讲授，让学生像科学家进行科学探究一样在探究过程中发现科学概念、科学规律，培养学生的探究能力和科学精神，找到解决问题的方法。具体包含两层意思，一是教学方面的研究，即探究式教学；二是学习层面的研究，即探究性学习。在教学过程中，教师和学生的作用是相互的，不能分开的。

探究式教学模式就是在探究教学理论的指导下，在探究教学实践经验的基础上，为发展学生的探究能力，培养其科学态度及精神，利用模式分析等方法建构起来的一种教学活动结构与策略体系。一般来说，探究教学模式包含理论基础、教学目标、操作程序与实施条件。探究式教学模式表现为教学活动结构和教学策略体系两大要素。之所以这样理解，是因为探究式教学模式从发展之初就是作为教学策略出现的，更注重微观层面，因而具有可操作性。同时，探究式教学模式具有特定的顺序性和阶段性，因此形成了一定的教学活动结构。教学模式的本质是程序，是对教学设计、实施、评价与反思等程序的说明。

由于探究式教学是师生共同开展的教学与探究活动，因此强调教师要创设一个以"学"为中心的智力和社会交往情境，让学生通过探索发现来解决问题。探索的目的不是把少数学生培养成科学精英，而是使学生成为有科学素养的公民。它既重视结果又强调知识获得的过程，突出以学生为中心和全体参与，因而它特别有利于素质教育和创新教育的有效实施。探究式教学符合自然科学的认知规律，具有以下特征：

（1）教学过程的主体性。探究式教学是学生在教师指导下的自主探究，在教学过程中突出学生的主体性，教师的主导完全是为了更好地发挥学生的主体作用，并通过学生主体的充分参与、主动探究和主体的发展反映出来。

（2）探究学习的自主性。在探究式教学中，学生在教师的指导下自主参与教学的全过程，要获取知识，靠的是自己的主动探究，而不是填鸭式的接受灌输。

（3）情境创设的问题性。问题是科学探究的动力和起点，教学中若不能提出富有吸引力和挑战性的问题，学生就不会形成强烈的问题意识，也就不会有认知的冲动性和思维的积极性，因此问题是探究教学的关键和核心。创设具体问题既要充分关注学生的兴趣所在，又要处理好学生倾向与教学目标之间的关系，使两者有机结合。

（4）信息交流的互动性。探究式教学强调在自主探究的基础上进行小组或班级的合作学习探究，与传统的由教师单向传递信息的模式不同的是，其在师生之间、学生之间进行动态的信息交流，实现师生间的相互沟通、相互影响、相互补充，师生在互教互学中形成学习的共同体。每个学生都能发挥各自的优势，获得表现的机会，从而激起探究性学习的热情。

（5）师生关系的和谐性。探究式教学尊重学生的主体地位，通过师生互动，创建活泼、积极主动的课堂教学气氛。教师的教完全是为了学生的学，师生之间民主平等，易于形成具有感染力和催人向上的教学情境，学生受到熏陶，由此激发出学习的无限热情和积极性。缺乏交流的课堂教学气氛会抑制学生的学习热情，甚至使学生产生厌学情绪。

（6）教学要求的针对性。由于环境、教育、经历、主观努力和先天遗传等的不同，学生之间具有较大的个体差异，传统的教学模式不重视其差异，一部分学生感到要求过低，另一部分学生又感到要求过高，造成两极分化。探究式教学对不同层次的学生提出不同的教学要求和不同的学习任务，符合因材施教，教学要求有针对性，为实现有效的课堂教学创造了条件。

（7）教学评价的激励性。探究式教学变教师独自评价为师生共同评价，自评、互评、组评、师评、综合评价相结合，既重结果又重过程。由于探究式教学分层次要求，学生在原有基础上获得不同程度的进步，既积累了知识，又开发了潜能，因而都有机会受到表扬激励，获得成功的体验，从而满足自我实现的需要。

总之，探究式微课教学设计就是指结合知识点与技能，创设生活中尤其是与专业相关的教学情境，以问题为中心，采取合作交流的方式，在教师的引导下，通过学生的实验、观察、操作、调查、信息搜索等方式，使学生自主地解决问题的教学设计。

2. 探究式微课教学模式设计

探究式教学是一种以学生为中心的教学模式，主要强调学生主体作用的发挥，倡导自主、合作、科学的学习方式与策略。然而，在微课的教学设计中，教师为主要讲解者，强调老师的角色扮演作用，既可以让学生提出问题，也可以让教师扮演学生提出问题、探究问题、解决问题。探究式微课教学设计包括提出问题、产生假设、验证假设、总结结论四个环节。

3. 探究式微课的适用场合

探究式微课适用于理论性与实践性并重的工科类课程，如数据结构、数控机床的维修、机电设备故障诊断与维修、计算机的维修、网络故障的诊断与维修等。例如，在《数据结构》或者《C语言程序设计》微课中，为了更好地发挥实践教学对算法学习的促进作用，在探究式学习理论的指导下，以学生为本，以团队协作为载体，融合任务驱动式、启发式等教学方法，提高学生调试代码的能力。又如，在《机电设备故障诊断与维修》微课中，某种故障现象可能是由一些因素导致的，这就是一个"排除假设—缩小范围—找到故障"的过程。

（五）理实一体式微课教学模式应用

1. 理实一体式微课简介

理实一体式微课，即理论实践一体式的微课教学设计模式，其突破以往理论与实践相脱节的现象，教学环节相对集中。它强调充分发挥教师的主导作用，通过设定教学任务和教学目标，让师生双方边教、边学、边做，全程构建素质和技能培养框架，丰富理论教学与实践教学环节，提高教学质量。在整个教学环节中，理论和实践交替进行，直观和抽象交错出现，没有固定的先实后理或先理后实，理论中有实践演示，实践中有理论应用，突出学生动手能力和专业技能的培养，可充分调动和激发学生的学习兴趣。理实一体式教学主要运用讲授法、演示法、练习法。

（1）讲授法。讲授法重点在课堂上将项目展开，并在演示操作及相关内容的讲解后进行总结，从而引出一些概念、原理，并进行解释、分析和论证，根据教学内容，既突出重点，又系统地传授知识，使学生在较短的时间内获得构建的系统知识，讲授要有系统性，突出重点，条理清楚。讲课的过程是说理的过程，即"提出问题—分析问题—解决问题"，做到由浅入深，由易到难，既符合知识本身的系统，又符合学生的认识规律，使学生逐步掌握专业知识。

（2）演示法。演示法是教师在理实一体式教学中通过示范性实验及示范性操作等手段使学生通过观察获得感性知识的一种好方法。它可以使学生获得具体、清晰、生动、形象的感性知识，加深对所学知识点与技能的理解，把抽象理论和实际事物及现象联系起来，帮助学生形成正确的概念，掌握正确的操作技能。教师要根据课题选择设备，如软件、工具、量具等。

（3）练习法。练习法是指学生学习完理论课之后，在教师的指导下进行操作练习，从而掌握一定的技能和技巧，通过操作练习对理论知识进行验证，系统地了解所学的知识，练习时一定要掌握正确的练习方法，强调操作安全，提高练习的效果。教师要认真巡回指导，加强监督，发现错误动作立即纠正，保证练习的准确性。对每名学生的操作次数及质量做好记录，以提高学生练习的自觉性，促进练习效果的提高。

理实一体式教学模式旨在使理论教学与实践教学交互进行，融为一体。采用该教学模式，一方面，可提高理论教师的实践能力和实训教师的理论水平；另一方面，教师将理论知识融于教学实践中，让学生在学中做、做中学，在学和做中理解理论知识、掌握技能，打破教师和学生的界限（教师就在学生身边），大大激发学生的学习热情，增强学生的学习兴趣，学生边学、边练、边积极总结，能达到事半功倍的教学效果。理实一体式微课教学设计注重讲授与演示，练习环节要根据学生所学专业的情况而定。

2. 理实一体式微课教学模式设计

理实一体式微课突破理论与实践相脱节的现象，教学环节相对集中。如果实训项目过大时，建议开发系列微课或者专题微课，实训类微课可以加强知识的联系与应用，可以结合抛锚式微课或者探究式微课。

3. 理实一体化微课的适用场合

职业教育的特点是以学生的生活、生存技能的培养为根本目的，更多强调实践技能的训练。理实一体式微课适合实践性较强的专业，如电子类、电气类、机械类、汽车维修类、计算机类、机电一体化、经管类实训、物流类等，也非常适合开发系列化的专题微课。它能将现场操作演示、虚拟展示、桌面操作过程等记录下来，便于模仿与推广。

第二节　大数据背景下教育信息化之慕课教学

"慕课"这一概念被提出后，迅速在全世界得到普及。由于经济、文化及国情的不同，人们对慕课的认识存在诸多差异，对慕课概念作出广泛认可的清晰界定会比较困难，但是慕课的基本特征已经被大家广泛接受。慕课之所以发展迅速主要得益于教育的开放性。受早期慕课的影响，众多顶级大学纷纷开办起多样的网络学习平台。随着科技的快速发展，越来越多的教育机构（如高等教育机构及教育组织）开始大规模地利用网络学习平台。

一、慕课的特点

1. 慕课的大规模性

慕课的大规模最先体现在课程的参加人数上。单从 Coursera 平台来看，它的在线注册人数还在不断增加。除了那些已经造成轰动的已完结课程，现在很多慕课平台新加入课程的参与人数也已成千上万，这是传统课程所无法比拟的。

慕课的大规模也体现在慕课平台有大量可供选择的、几乎涵盖全部学科的网络课程。侧重基础教育的可汗学院在 YouTube 上有 4000 多个教学影像供人们免费观看，不仅包括几何、代数、物理、化学、历史等 K12 教育课程，还涉及医学、金融、计算机等诸多学科。当然，这些课程的授课语言并不全都是英语，而是多语种授课，以汉语、法语、西班牙语等语言授课的课程受到一部分学习者的追捧。同时，为了更好地接受不同文化的知识，各个慕课平台都组建由学员们自己组成的翻译组和字幕组，使其他不懂外语的学习者在慕课平台学习时不再局限于以自己母语授课的部分课程，学习内容随之增加。而且，随着越来越多的学习者加入，他们的学习意愿和学习过程都以数据的形式记录下来，形成慕课学习大数据，这些大数据可以帮助教师更好地选择和设计有效的课程与教学模式。

除了以上两点可以体现慕课的大规模外，在慕课各个平台的合作伙伴中各研究机构及世界级名校的数量也足以担当"大规模"的名号。Coursera 已经有 83 个来自世界各地的高校和机构合作伙伴，edX 的合作机构与高校也已经超过 28 家，清华大学、北京大学、韩国首尔国立大学、日本京都大学及香港大学等亚洲高校都在名单之中。随着慕课的不断完善，越来越多的学校会加入慕课平台，这已经成为了一种不可阻挡的趋势。

值得一提的还有慕课背后的教师团队及大量人力和资金的投入。因为慕课不再是一位教师面对几十个学生的传统模式，它面对的是数以万计的网络自主学习者，它的课程设计与制作，以及课程投放之后的管理与维护等不是一位教师能驾驭得了的。所以，一门课程从开始准备到结课评估，需要一个完整的教学团队分工协作，共同努力。以电子与电路学课程为例，它的团队一共有 21 人，其中，负责讲座、作业、实验室和辅导的有 4 位指导教授，同时还有助教、开发人员、实验室助理等协助人员 17 人。较之传统授课，制作一门线上慕课课程需要教师团队准备更久的时间，他们要选择教学素材，设计教学与活动、进行视频拍摄等。在课程中，他们还要不间断地监控学生的学习进程，及时给予反馈和答疑。除了人力投入之外，各个在线平台的资金投入也是大规模的。可汗学院作为一个非营利的免费在线学习机构，每年约投入 700 万美元来维持运行，其大多数资金来源于捐赠。比尔·盖茨也在 edX 创立之初捐赠 100 万美元，赞助 edX 采用翻转课堂的形式为全世界低收入家庭的学生提供更多元的在线课程。

首先，慕课的这一特点表现在学生上。从美国三大慕课平台的注册人数看，Coursera 有 400 多万，Udacity 有 100 多万，edX 有 90 多万。因此，作为大规模的在线开放课程，慕课这种通过网络视频来对学生进行授课的课程，其对学生在线学习的承载量是很大的。

其次，大规模表现在慕课平台中参与的高校及课程资源的数量上。Coursera 平台加入了全球 83 所顶尖高校及机构，并对外提供 408 门课程；edX 平台则有 28 所高等院校加入其中，并分享了六十几门慕课课程。

再次，大规模表现在有大量的教师参与课程教学上。慕课是一种大规模的在线开放课程，因此要制作出完整的视频上传到网络，并及时回答学生的问题，组织众多学生在学习社区中有效互动，这不是凭一个人的力量就能完成的，因此它需要专业的指导教授、助教、开发人员、实验室助理等，大家各司其职，从而完成慕课的授课。

最后，大规模还体现在大的投入上。由于慕课是一种大规模的在线开放课程，它的授课途径主要是通过网络进行的，因此，它需要高额的资金注入。从目前慕课三大巨头的投资情况来看，Udacity 先后获得各界人士及机构 2000 万美元的融资，Coursera 共获得各金融机构及高校 6500 万美元的投资，edX 也从外界获得了 3000 万美元的资金。此外，慕课还需要教师时间和精力上的投入。教师们一般要花很长的时间来准备课程，他们不仅要拍摄慕课视频、准备课程素材、设计教学环节等，而且在正式上课之后，还要花大量的时间来参与在线学习社区的讨论和答疑等。

2. 慕课的开放性

慕课的开放性很好地诠释了孔子"有教无类"的思想。这种开放性其实也体现了慕课自出现以来便一直强调的教育公平原则。慕课的开放性可以说贯穿了慕课学习的全过程。慕课一开始的理念便与教育开放和教育公平有关，从学员免费注册到选择课程资源和学习讨论，再到之后的一系列线上线下的相关活动，这些都对所有注册者完全开放。得益于各大平台的高校合作者越来越多，跨学校、跨学科的学习及高校间的学分互认也成为可能。

有人说教育的公平最先体现在学习机会的均等上，教育开放先要做到的就是学习机会的开放。在慕课平台，学习者无论在什么时间段、什么地区、有什么样的文化背景，只要处在互联网的环境中，都可以随时注册进入慕课平台，选择自己喜欢或者需要的课程开始学习。这种对学习者的全面开放，是慕课最基本的特征。

从现有的慕课平台数据来看，注册的学习者来自世界的190多个国家和地区，地域分布相当广泛，虽然几个最大的慕课联盟来自美国，但是美国的慕课生源只占总生源数的1/3。因为一些原因，没有办法统计学习者的民族类型，但我们可以从学习者的注册信息及话题讨论中了解他们的性别、年龄、学历和生活经历。从现有数据看，学习者的性别比例差距不大，不过男性学习者相对更多一点；20到30岁具有大学学历，或者正在进行大学本科或者研究生学习的学习者占总生源的大多数，也有很多参加工作以后补课充电的各行各业人员。这种多样性还体现在学习者加入慕课的意愿动机上：有的学习者需要通过相关课程来提升自己的专业水平；有的学习者是为了兴趣而学；也有一些参与者只是好奇跟风，以满足自己的好奇心；还有学习者像游戏通关积攒勋章一样，为证书而学。正是慕课这种开放性，才吸引了不同年龄和社会层级、带有不同学习背景的学习者加入。参加者的不同身份背景，使慕课的许多学习讨论不局限于课程本身，而成为一种文化的冲击与交流。慕课的进入同样是开放的，准入门槛几乎没有。除了一部分需要一定的专业理论知识做铺垫和深入解读课程外，大多数课程初学者一进入便可以开始学习。同样地，它的教与学的过程，以及这一过程中使用的资源和工具也具有极大的开放性。慕课的每一节课都会有一个大致的时间范围，即一门课的开课时间是固定的几周或十几周，每一周课程组织者上传一节课的内容和作业，学习者可以在这一周内自主选择时间随时开始学习。这种时间上的开放性极大地方便了学习者对自己学习时间的规划。

另外，学习者的学习环境由学习者自己选择，这里的学习环境既指线上讨论小组或者交流平台，又指现实中的学习环境。不同的学习者对同一材料的理解、关注和疑问都会不同，讨论组的设立为学习者提供交流答疑的平台。在平台中，所有参与者身份平等，提出问题和见解，互相交流讨论，即使是课程发起者也不会给定唯一答案或者固定答案，开放式的交流不会只限制在一个领域、一个角度。学习者可以通过讨论自主构建知识，也可以通过互动分享传播知识，使知识进一步延伸、开放。同时，在每个慕课讨论区或者讨论组，都有已完结课程的相关资源和学习者分享的学习笔记，新加入的学习者或者错过该课程的学员可以二次使用这些资源进行补充学习，充分提高网络课程资源的利用率。

慕课的兴起离不开信息技术的进步，它是将开放性网络资源与高校教学管理系统进行有效结合的创新型教学模式，只要是平台的注册用户，可以没有任何限制地使用世界范围内的优质教育资源。科勒认为，在线授课的社会条件已经成熟，这一代学生从小就习惯了利用技术手段学习和社交，这种方式对他们来说非常自然。

慕课的开放性首先表现在学习对象上，即真正意义上的"有教无类"。它不像传统的教学那样，会受时间、地域、年龄、文化、收入等因素的阻碍，人们可以在任何时间、任何地点，根据自己的实际条件及需要，通过在线网络来进行学习，不再受制于其他条件。其次是教学与学习形式的开放。慕课平台所提供的课程是在主动学习、深度学习等理念的基础上进行的，它可以利用各种社会软件和云服务来促进学习及讨论，并创建和分享视频，以积极参与其他所有的活动。因此，它充分体现了教学与学习形式的开放互动。再次是课程内容和资源的开放性。慕课虽然是通过网络进行的，授课时间较短，但它的课程内容及资源很完整，一节慕课包括很多资源，且这些资源都比较灵活，能够进行修改及扩展，并随着课堂需要及教学环境的变化而不断变化。最后也最为重要的是教育理念的开放。目前，很多国家的大学课程之间存在隔阂。但是慕课及与其相关的开放教育运动所传播出来的精神，足以跨越时空、国界及学科，从而实现知识的有效传播。

二、cMOOC 课程模式

在慕课的发展过程中,有基于联通主义学习理论的 cMOOC 和基于行为主义学习理论的 xMOOC 两种不同教学理念和特征的课程模式。

2008 年加拿大学者柯米尔与亚历山大提出慕课概念。同年 9 月加拿大学者西蒙斯和唐斯应用该概念开设了第一门课:联通主义与关联知识。有 25 名来自曼尼托巴大学的付费学生,以及 2300 多名来自世界各地的免费学生在线参与了这门课程的学习。这种慕课类型基于联通主义学习理论,也被称为 cMOOC,并在随后得到逐步推广,如 eduMOOC、MobiMOOC 等。但是整体而言,cMOOC 的课程范围基本上还局限于教育学科相关领域。

cMOOC 的理论基础是联通主义学习理论,即知识是网络化连接的,学习是连接专门节点和信息源的过程。西蒙斯指出,cMOOC 的核心包括联通主义、知识建构、师生协同、分布式多空间交互、注重创新、同步与共鸣、学习者自我调节等。cMOOC 将分布于世界各地的授课者和学习者通过某一个共同的话题或主题联系起来,学习者通过交流、协作、构建学习网络来进行知识学习。

(一) cMOOC 课程模式分析

1. cMOOC 课程模式中学习者的基本学习活动

(1) 浏览课程内容与安排,注册课程。

(2) 获取教师在学习网站上提供的各种学习材料。

(3) 参加讨论组、在线讲座等活动,参与讨论学习内容,分享个人观点。

(4) 制作个人学习资源,如音频、视频等,并进行分享。

(5) 充分利用各种社会化网络工具,如微博、博客、社交网络等,进行学习活动,建立学习网络。

2. cMOOC 课程模式的特征

(1) 在 cMOOC 中,教师提供的资源是知识探究的出发点,教师的地位和作用与传统课堂教学不同,更多是扮演课程发起人和协调人的角色,而非课程的主导者。课程组织者设定学习主题,安排专家互动,推荐学习资源,促进分享和协作。

（2）学习者在 cMOOC 中具有较高的自主性，学习依赖于学习者的自我调控。学习者自发地交流、协作、建立连接、构建学习网络。

（3）学习者进行基于多种社交媒体（如讨论组、微博、社会化标签、社交网络等）的互动式学习，通过资源共享与多角度交互拓展知识范围。

（4）学习者通过交流、协作、构建学习网络，以及社区内不同认知的交互，来进行新知识的学习。

（二）cMOOC 应用策略与方法

就如何进行 cMOOC 学习，研究者与实践者给出了有价值的策略和方法。

柯米尔提出了成功学习慕课的五个步骤：

（1）确定学习目标。

（2）在博客、微博等社交网络上介绍和展示自己。

（3）构建个人学习网络。

（4）参加学习小组和学习社区等活动。

（5）关注个人学习进展和内容。

西蒙斯也提出了有效参与 cMOOC 的九个步骤：

（1）确定学习目标。

（2）在社交网络上展示自己。

（3）交互。

（4）构建学习网络。

（5）管理课程资源。

（6）创作与分析。

（7）发现和解决问题。

（8）合理期望。

（9）坚持参与。

成功进行慕课学习要从课前、课中、课后三个阶段入手。课前要通过浏览网站了解课程内容，考虑个人时间安排，熟悉课程中将要用到的学习工具；课中要及时进行自我介绍，积极参与课程讨论与交流，学会提出问题，从大规模的信息中过滤有用知识；课后继续保持学习者之间的交流。

三、xMOOC 课程模式

（一）xMOOC 课程模式分析

xMOOC 是慕课的一种新型发展模式，以发展迅速的 Coursera、Udacity、edX 等为代表。xMOOC 与 cMOOC 都是基于网络的慕课类型，但两者是具有不同应用模式的开放课程。与 cMOOC 相比，xMOOC 更接近传统教学过程和理念。

一门 xMOOC 一般会在预定的时间开始，为了及时参加课程，学习者需要提前了解课程介绍与课程安排，并进行注册。在学习过程中，成员也可以根据个人学习情况，退出某门课程的选课。每门课程的学期较短，一般为 10 周左右。慕课平台为课程实施提供了多种课程组件，包括课程视频、讨论区、电子教材、测试等。

课程开始后，教师定期发布课件、作业、授课视频，这些视频不是校内课堂的录像，而是专门为该 xMOOC 录制的，很多视频会提供多语言字幕（如中文），以方便全球学习者学习，延伸课程的开放程度。在 xMOOC 中，学习视频一般比较短小，也会安排及时的问题测试，这是为了更好地保证学习效果。由于视频学习是一种单向传递，因此学习者需要在没有他人监督的条件下，保持对学习内容足够的关注。短片段的视频并辅以及时的问题测试，可以保持学习者注意力的有效集中，加强对学习内容的理解。同时，这种短视频方式也有助于学习者对学习步调的把握，能够比较方便地定位自己的学习位置。

课后一般有需要完成的阅读和作业，作业通常有截止日期，学习者应自觉、按时完成课程作业。作业成绩可以通过在线自动评分、自我评判打分、学习者互评等方式获得。课程会安排小测试和期中、期末考试。学习者应在规定的时间内参加考试，获得考试成绩。学习者被要求诚信守则，诚实而独立地完成学习、作业与考试。edX、Udacity 等主要的 xMOOC 项目也与培生等公司合作，使学习者能在全球分布的培生考试中心参加考试。课程网站开设有讨论组，学习者可以进行在线学习交流。课程还会组织线下见面会，使学习者有机会参与面对面的交流活动。例如，Coursera 已经在全球 3000 多个城市组织了课程线下见面会，学习者可以根据自己的地域选择加入邻近的线下见面会，进行面对面的学习交流，形成地区性的学习小组。完成课程并考试合格后，学生可以得到某种证书或者获取学分。

（二）xMOOC 的教学原理

1. 检索性学习与测验

在进行慕课学习，观看视频的过程中，学习者经常会有这样的体验：看着视频难以持续集中注意力，逐渐开始走神，有时候甚至会停下课程去做其他事情。这样的体验无疑会浪费学习时间，降低学习效果。如何从课程设计上提高学生在线学习的注意力呢？一种有效的方法是检索性学习与检索性练习。因此，慕课教学设计的关键要素之一是广泛使用交互式练习，在视频、测试中提供丰富的互动练习，使学习者可以及时检测学习效果。这是一种检索性练习方式。

检索性练习是一种从短期记忆中回溯信息，以增强长期记忆的行为。研究证明，这有助于增强学习。频繁互动可以避免注意力分散，这是确保学习者持续专注的一种有效手段。例如，在视频中插入暂停，要求学习者回答简单的问题后才能继续，以确定学习者是否还在认真学习，是否已经充分理解所学的内容。相关研究也证明了学习者的知识检索和知识重构等学习活动的效果甚至优于许多复杂的学习策略。

2. 精熟学习

20 世纪 70 年代，美国心理学家布鲁姆针对美国教育制度中只注意培养少数尖子学生而忽视大多数学生发展的弊端，提出了"精熟学习"的新学习观。他指出，现代教育不能只面对少数学生，而应该面对全体学生，让绝大多数学生都能学好。

精熟学习建立在以下三个基本假设上：第一，几乎所有的学生都能掌握某一学科的学习内容；第二，一些学生比另一些学生需要多花一些时间达到掌握水平；第三，一些学生比另一些学生需要更多的帮助（如个别指导或额外的练习等）。因此，精熟学习认为，只要给予足够的学习时间，大多数学生都能够掌握学习内容。该方法将学习内容分成小的单元，学生每次学习一个小的单元并参加单元考试，直到以80%～100%的掌握水平通过考试才能进入下一个单元的学习。布鲁姆的教学研究证实了精熟学习的成效较传统教学提升了一个标准偏差。一个标准偏差的差异，即在传统课堂中如果有50%的学生通过评量标准，则通过精熟学习能有84%的学生通过评量。

慕课平台课程的嵌入式测验和在线练习的设计理念是为学习者提供多重知识内容的练习，进行实时与重复的反馈练习。课程会随机发送相关知识主体的不同形式的题目让学习者练习，使学习者有机会反复熟悉相关概念，强化重要概念，实现知识的习得与迁移。

精熟学习通常包括下列组成部分，这些部分在慕课平台也得到了良好的实现和使用：其一，教学内容被划分成一系列较小的独立单元，每一单元包含有较小量的学习材料。其二，各单元按一定逻辑序列排序，为后面学习奠定基础的基本概念首先得到学习，较复杂的概念随后进行学习。其三，在每一单元结束时，通过考试检验掌握水平。在学习者学完一个单元进入下一个单元前，必须参加有关这个单元内容的考试，以检验是否掌握了该单元的学习内容。其四，每一单元要有一个具体的、可观察、可测量的单元测验掌握标准。其五，为需要额外帮助或练习的学习者提供"补救"措施，使他们掌握知识。有些学习者并非总是能够一次通过测验，对这些需要帮助的学习者，教师要提供更有针对性的教学方法，如不同的学习材料、参考书，学习小组及个别指导等。

四、cMOOC 与 xMOOC 的比较

cMOOC 与 xMOOC 在教学理念上存在不同：cMOOC 侧重于联通主义的知识建构，促进学习者的知识获取与创造；xMOOC 则更侧重于传统教学模式，使学生掌握课堂教学内容。在当前慕课的发展过程中，xMOOC 成了主流。

第三节　大数据背景下微课与慕课的发展前景

在移动互联网背景下，信息技术对教育具有革命性的影响，政府和个人必须予以高度重视，今天的学生被称为"数字原住民"，他们的思维方式、学习方式与生活方式发生了巨大变化，教育工作者能够适应这种变化吗？美国著名教育学家杜威说过，"如果还像昨天我们被教授的那样去从事教学的话，那么，我们就掠夺了我们的儿童的明天"。教育的时空在不断扩大和延伸，"先学后教""以学论教""以学定教"成为教育改革和评价的新趋势。今天，教育工作者不仅要关注自己"如何教"，更要去多关注学生"怎么学"。信息背景的每一位教育工作者必须以敏锐的信息素养、开放的教学理念和学习者的姿态，积极参与新技术、新媒体下教与学方式的变革，如翻转书包、翻转课堂、微课、思维可视化、3D打印、图片处理技术、网上会客室、可汗学院、未来学院虚拟现实、学分银行等。这也是信息背景下每一位教育工作者专业发展的有效途径和必然使命。

当今社会，我们身处的不是多媒体背景，也不能说是网络背景，更不能说是信息背景，这些称谓或多或少是不准确的。今天，整个社会大环境是一个"互联网+"的背景，一个移动互联的背景给我们教育带来的变化是非常可观的。它会给我们带来资源获取方式的变革，我们以前的教育以教育工作者、教材、教室为中心，这些资源都是相对封闭、极其有限的，而且是趋于僵化的、静态的。例如，教育工作者们反复在课堂上强调让孩子们放学后去预习功课，这个习惯一直延续到现在，但是是违背教育规律的，不符合人性化学习原则。再比如说，教育工作者布置的课后作业是预习第几页到第几页的教材，可这些教材是专家编写的，它们表述严谨、结构完整，让对课本不熟悉的学生进行预习，这些预习往往是浅层而无效的。现在，我们把这些知识点做成微课，在学生放学回家后让学生观看，通过直观的视频形式让学生预习新课，教育工作者通过对教材的处理和设计，通过亲自制作课件，把自己讲课的活动、语言、声音、情感变成一个微视频，然后让学生们一同预习。和从前的教材预习模式相对比，哪种方式更适应学生的需要，更具有"温度与情感"，答案不言而喻。教育发生改变的动力主要是新媒体、新资源、新课程，但是如果我们想从事教育工作的话，那就千万不要跟着目前的学校形态、管理体制、教学方式走，一定要朝前看。如果总是亦步亦趋，那就只能是疲于奔命。技术并非用来跟着教育前行的，在以前，我们相信技术是用于推动教育发展的利器；今天，我们相信技术是用于引领教育的。微课建设理念从提出至今仍是一个新生事物，其理论基础、开发途径、应用模式、技术指标、评价体系等方面还有许多需要完善的地方，这就必须依靠广大教育工作者在实践中去修订、丰富。结合未来教育的发展趋势，相关学者认为，微课将在以下五方面得到突破：

第一，在未来微课开发方式上，它将跳出"小微课"的局限，迈向"大微课"背景。当前的微课过于关注单个微课的设计与开发，视野过小，过于零散、碎片、重复、无序，学生在使用的时候往往是"用了上节没有下节"，微课学习往往比较分散。未来的微课将会是在微课程专家主导下的基于顶层设计和系统规划的建设导向。微课将从无序走向有序，从零散走向体系，如基于学习主题、专题的建设，围绕教材知识体系的同步建设，建成一门课程、一个学科（专业）的系列化、体系化微课程。要引领大众从当前过于关注微课"碎片化呈现""快餐式学习"的认识泥淖，走向在关注在线教育背景下微课"碎片化呈现"的同时深入到学习者高效学习体验的"自我知识体系建构"和"问题解决能力形成"的深化应用阶段。

第二，在微课建设类型上，支持移动、在线、泛在学习的微课数量将激增。调查统计数据表明：目前我国现有的微课类型过于单一、同质，且以知识讲授型微课为主（占80%以上），单个微课内容较多、容量较大、时间偏长、使用不便，应用方式多以下载观看、教室使用为主。未来微课的应用将更加靠近微课的"本质使命"：时间更短、内容更精、类型多样，支持用户个性化的移动学习、在线学习、泛在学习等多种学习方式，实现"人人皆学、处处可学、时时可学"。基于微信端的移动学习型微课、基于 APP 应用程序的学习型微课开发将成为一个新热点。

第三，在微课制作技术上，交互式学习、虚拟仿真、3D 视频体验式微课将成为新宠。做微课的教育工作者应该经常追问自己几个问题：一节 40 分钟的完整版的视频课例，学生学不下去"情有可原"，4 分钟的微课学生就一定能够看完看懂吗？学生学习微课时难道仅仅是"观看"微课视频吗？学生在课堂上迫于教育工作者的"监督"和"情面"也许还会听下去，但微课更多是给学生"一对一"的学习情景，更多时候旁边并没有教育工作者和同学，单靠传统的讲授甚至是灌输，学生学习微课时只按顺序播放视频还能吸引学生的注意力吗？因此，即使是最简短的微课，也要通过交互教学设计（如创设情景、提出问题、布置练习、设计任务、开展活动）和交互技术设计（如师生互动、虚拟仿真、3D 视频、在线评测反馈等）来促使学生深度参与到微课教学活动中来，与视频里的教育工作者、问题、任务等进行"互动"，这样的学习才是有效的。

第四，在微课建设主体上，将从"单打独斗"的封闭式建设走向基于"互联网+"思维的"众筹"与"联盟"。未来的微课开发人员将不再局限于教育工作者，而是多主体和多元化的，能够体现出"互联网+"背景的"众筹"和"创客"的特点，教育工作者、学生、家长、教育企业及任何对教育感兴趣的人员都可以将有教育价值的主题加上自己的创意制作（创作）为个性化的微课，信息背景下的任何一个人都具有资源提供与消费的双重权利。因此，从某种意义上来说，学生创作的微课、教师指导学生或与学生共同录制的微课，既是当前热火朝天的"创客教育"的一种新范式，也是移动互联背景下最有效的学习方式的新突破。

第五，在微课应用途径上，基于大数据的智能化的区域性微课（慕课）学习管理平台将会百花齐放。微课就是一粒沙、一滴水，随意放置不能产生任何价值。因此，从某种意义上来说，微课学习与管理平台比微课资源本身更为重要。微课平台设计要考虑用户的"应用体验需求"而不是"资源数据管理"，除了符合在线教育的规律，还要与线下传统班级的教学流程相融合。这方面可以借鉴美国的可汗学院平台，其不仅是自主学习的个性化平台，更是学校基于翻转课堂、混合学习的公用平台，具有实名注册、学习诊断、学习行为记录、学习路径形成、个性资源推送、志愿者答疑和参与讨论交流等功能。微课只是一个学习行为激发的"引子"，众多的学习者经常在学习社区互动、交流、讨论、留言，会形成一个群体性学习社交区域，产生更多的智慧型资源。因此，微课将向微课程和慕课发展，达到"类慕课"的效果。例如，一些知名学生会率先在网上开设基于微课的慕课学科课程、专题课程、同步课程，并有微学分认证和结业证书，实现区域内各学校微课慕课学分互认、跨区域名校微课慕课联盟。

微课是一种以小视频为主的教学资源，并在教学应用实践过程中不断发展，形成微型网络学习课程系统。在当今信息社会中，随着新科技和新媒体的迅速发展及广泛应用，广大用户对学习方式的选择呈现出多元化特点，加之智能手机、平板电脑、笔记本电脑等便携式智能设备的普及，微课的出现显得尤为重要，它的出现顺应了背景发展潮流，符合教育发展规律，适合自主教学、个性化教学、合作教学、移动教学、远程教学的开展。虽然微课有了一定程度的发展，但终究还是一个新生事物，很多专家学者对微课有着不同的观点，也从不同方面指出了它的不足和缺点。在信息背景下，微课的特点和本质决定了它在教育教学中具有广阔的应用前景和正确的前进方向。

慕课作为世界开放教育资源运动的一项新晋的发展，它对高等教育、基础教育、职业技术教育等学校教育中的正式学习和非正式学习都产生了重要而深远的影响。不仅如此，从国内外的平台开发、慕课建设、学习应用、科学研究发展情况来看，慕课始终处于高速发展和快速演变之中，而且作为新兴事物，学习与教育实践又迫切需要教育理论研究者跟进研究，为实践提供支持和指导。慕课大潮来袭，学术界、教育界、新闻媒体、社会公众对其进行了诸多评价，人们议论纷纷、褒贬不一。在诸多评价之后，对于慕课，人们开始回归到一种更加务实和理性的思考状态，世界各地数千万的慕课学习者始终没有停止学习的步伐。

毕竟，在今天这样的一个学习型社会，我们每一个人都可以通过网络，随时随地向他人学习我们想要学习的几乎任何东西，这是人类历史上前所未有的。然而，在究竟如何将慕课整合到各级各类的学校教育和培训实践之中，使这种非正式学习模式为正式学习贡献力量，各级各类学校和教育工作者面临诸多严峻的挑战。展望未来，对于慕课的发展及其应用，我们在这里大胆作出一些预测，尽管我们深知，这些预测是极其冒险的。

第一，在未来一段时间里，慕课将会持续高速增长。我们一直在追踪全球慕课的发展演变，并亲历了慕课的持续高速增长。平台越来越多，越来越多的大学加入进来，越来越多的课程上线，越来越多的公众了解并开始借助慕课促进自己的成长与发展，越来越多的研究报告涌现出来。展望未来，我们相信，在未来相当长的一段时间里，就全球范围而言，慕课将会保持高速增长的态势。

第二，对于慕课，人们的看法将会越来越趋于理性。我们深信，慕课已经并正在对世界范围内的各级各类学校教育和企业培训产生重要而深远的影响，这种影响将持续显现出来。但是，有关慕课"颠覆"大学的看法仍然过于激进。毕竟，无论是慕课还是大学，都在有意无意地进行着或快或慢的变革。慕课为今天的每一个学习者提供了借助网络提升自己、自我发展与完善的机会，然而，这个机会要变成现实，还需要每一个学习者的自觉、自主、自愿、自控的学习内驱力，以及在线参与式的学习方法与技巧。唯有如此，这个机会才有可能带来成功。

第三，慕课将会不断地渗透到学校教育与企业培训之中。随着慕课模式的不断成熟，国内外越来越多的高等院校、企业人力资源部门、培训机构开始尝试将慕课整合进学校课堂教学和企业培训之中。慕课这种发端于世界在线教育与开放教育的非正式学习模式，已经开始不断地渗透到大学和培训机构的课堂之中。

展望未来，越来越多的大学、学生和企业培训机构开始尝试将传统的面对面教学与包括慕课在内的在线教学结合起来，把世界范围内的一流大学的慕课资源用于课堂教学。基于混合学习的教学模式将成为最有前景和最具生命力的教学模式，我们深信这种趋势将不可阻挡。

第四，慕课的学分认证和商业模式等问题将找到解决途径。就目前情况而言，在国内外，慕课作为一种非正式的在线学习形态，受到了学习者的喜爱和推崇。可是要想将慕课整合进学生、大学乃至企业培训之中，学分认证、考核评估、学籍管理、商业模式等一系列难题就必须得到很好的解决。否则，慕课就很难很好地进入到各级各类学校教育体系之中。这是目前慕课发展面临的诸多瓶颈中比较突出的几个。就国内外慕课的发展实践来看，一些慕课提供者、在线教育机构和大学管理者已经开始尝试各种不同形式的解决方案，并取得了良好的效果。展望未来，我们相信，慕课的学分认证和商业模式等问题将找到解决途径。

第五，慕课教学法将会得到更多关注，学习支持服务将会进一步加强。回顾过去几年慕课在国内国外的发展，不难发现，越来越多的报刊、文章、会议、讲座、研讨会开始谈论慕课，相关的报道、评论、赞誉、批评不断涌现出来。然而，慕课教学法这一关键，人们却关注不够。要想真正体会慕课的奥妙，了解慕课的机制，感受慕课的魅力，享受慕课学习带来的乐趣，必须了解慕课教学法。因为，不了解慕课教学法，就没有办法真正了解慕课，也就不可能真正地开发出好的慕课平台和课程，自然也就不可能很好地提供慕课学习支持服务。不仅如此，慕课教学法的相关研究也将不会持续涌现出来。慕课到底是如何组织教学的？慕课学习者应当具备怎样的素质和技能，得到怎样的学习支持服务，才能更好地享用来自全球一流大学的"精神大餐"？慕课学习者如何借助慕课学习融入全球性的实践社群之中，如何通过网络向其他来自世界各地、背景不一、职业迥异的慕课学习者学习？如何激发慕课学习者的学习动机，并使其学习动机得以持久保持？所有这些问题，都将成为未来研究的方向和重点。展望未来，慕课教学法将会得到更多关注，学习支持服务将会进一步加强。

第六，慕课研究将会成为在线教育和开放教育的热点，得到进一步加强。作为一种新兴事物，慕课也是一个实践先行的领域。随着慕课实践的不断快速发展，慕课教学法、慕课学习、慕课平台、慕课教学设计、慕课学习支持服务、基于慕课的混合学习、慕课学习评价、课程设计与开发等一系列问题，将会成为在线教育和开放教育研究的热点。以后，慕课研究将会得到进一步加强，并反过来有力地支持慕课的快速、健康发展。

当然，我们深知，对慕课这样一种尚处于发展初期的教育领域的新生事物进行预测，不仅是冒险的，而且显得过于勇敢。但是，我们还是乐意分享我们关于慕课学习和研究的心得及不成熟的看法。毕竟，人们的认识总是需要不断提升、不断改进和不断升华的。

第四节　大数据背景下云计算移动课堂教学

随着现代信息技术的迅猛发展，网络技术在教育中的应用日益广泛和深入，特别是互联网与校园网的接轨，为学校教育提供了丰富的资源，使网络教学真正成为现实，为有效实施素质教育搭建了平台，有力推进了新课程改革。现代信息技术的发展在为创新人才培养提出挑战的同时也提供了机遇。《基础教育课程改革纲要（试行）》明确提出，要"大力推进信息技术在教学过程中的普遍应用，促进信息技术与学科课程的整合"。运用现代信息技术教学具有多信息、高密度、快节奏、大容量的特点，其所提供的数字化学习环境是一种非常有前途的个性化教育组织形式，可以超越时间和空间的限制，使教学变得灵活、多变和有效。处在教育第一线的我们必须加强对现代化教育技术前沿问题的研究，努力探究如何运用现代信息技术，尤其是如何在课堂上将基于现代信息技术的多媒体、计算机网络与学科课程整合，创新教学模式和教学方法，更好地激发学生的学习兴趣，调动积极性，使课堂教学活动多样化、趣味化、生动活泼、轻松愉快，从而提高教学效率。

一、云课堂上师生进入自主学习角色

（一）教师角色

教师可利用平板电脑或其他方式出题，同时指定试题的属性，如关联的知识点、体现的能力和难度系数等。对于试题的难度系数，系统可以根据学生答题的情况计算出来，自动将错误率较高的题目推送给教师并给出建议，如题目太难、讲解不够等，从而优化题库。为了提高教学效率及资源利用率，系统可以统计每个资源的使用情况，包括学习次数和时间等，并针对使用过于频繁或者过少的资源进行推送通知。同时，系统还监控学生学习指定资源的情况，包括近期学了哪些资源，投入时间多少，与这些资源相关的试题成绩如何等，从而更准确地了解学生的学习情况，提高课堂教学效率。教师可以通过考试系统发布随堂练习，及时查看学生掌握程度，以便当堂解决学生在本节课学习中存在的问题。考试系统根据历史数据，对试题库中的试题进行预筛选，剔除正确率非常高、近期出现频率过高的试题，同时将错误率过高、近期很少出现的试题前置显示，为教师提供更多的建议，从而提高出题质量，实现因材施教。在体现个性化教学方面，系统中的学生学习情况查询功能可以使教师了解学生的整体情况，包括错误率较高的知识点和题目。同时，将查询到的数据与相应学生学习资源的时间投入情况进行对应，以协助教师分析学生失分的原因。还可以针对指定学生，了解其最近的学习档案和考试、练习情况，包括其薄弱知识点、资源学习的盲区等，以便针对个体给出个性化的学习建议。

（二）学生角色

学生进入移动自主课堂后会看到自己未完成的任务，包括老师发布的考试、作业和学习资源，自己制定的学习任务。系统根据学习曲线算法在适当的时间布置给学生相应的学习任务，如当学生长时间没有复习和练习某个知识点时，系统会将相应的学习资源和练习推送给学生进行复习和练习。学生可以查看自己最近一段时间的学习记录，及时了解自己的学习情况。学习记录包括最近学习了哪些资源，学习每一种资源所用的时间、测试情况的反馈，每一个知识点测试题目的数量、正确率等信息。平时考试、做作业会产生错题，利用好这些错题可以有效提高学习效率。学生可以利用移动自主课堂的"错题本"功能，根据时间顺序（倒序）、试题错误次数（倒序）、知识点归类和随机这几种方式查询最近的错题，每一道错题都可以进行即时练习，每一次练习都自动存入系统，并根据结果调整该错题的权重。

同时，系统可以自动推送与某道错题相关的知识点和学习资源，以方便学生进行针对性的学习（因材施教）。移动自主课堂的考试、作业功能可以根据学生的学习记录自动剔除学生已经牢牢掌握的试题，从而缩短学习时间，提高效率。学生可自主在题库中以随机（由系统根据算法进行预筛选）或指定筛选条件等多种方式抽取试题学习，系统可根据学生的特点推送与学生掌握不好的知识点相关的试题供学生进行练习（缩短学习时间）。同时，系统根据高分学生的学习记录，推送这部分学生的学习资源和练习题供当前登录的学生进行练习，并根据练习题的测试情况调整推送参数，以探索最适合该学生的学习模式。针对每名学生的不同学习特点，系统对学习资源进行有效分类。系统将根据知识点和学习资源建立网络结构，并根据教师指定的难度和实际测试过程中形成的难度数据建立分层结构（海量资源分类）。学生可选取知识点的学习资源，系统自动记录学生学习每个资源所用的时间，以 M 表示。每个学习资源在入库时由系统自动根据资源内容设置学习时间，以 f 表示。当 f>1.5M 时，取 1.5 倍的意义是如果学生学习某个资源耗时过长，可以认为其学习了 1.5 倍的标准时间。这样可以排除一些人为的操作，避免产生影响统计分析的结果。针对每个学习资源，学生可在学完资源后进行即时练习，趁热打铁。

（三）营造师生及学生间互动的学习空间

1. 师生、生生互动

移动自主课堂采用先学、精讲、后测、再学，并有教师参与的教学模式。在移动自主课堂中，教师根据学科类型、知识点特点、学生特点、教学目标与教学内容等，采用灵活多样的教学方式，系统可自动记录学生行为和教师行为数据。教师根据系统提供的数据可以了解每一名学生的学习情况，学生也可以通过"点赞"或"不赞成"、"笑脸"或"哭脸"等方式对某知识点的学习心情、学习效果、教师讲解等情况作出回应。学生之间可以针对某知识点进行竞争学习，教师和学生之间可针对某知识点发起话题讨论等，在课堂教学中实现师生、生生互动。更重要的是，这样可采集到用于学生分析和管理的真实数据。

2. 个性化学习

在课堂教学中，虽然学生是在教师的安排下有序学习，但课堂时间主要集中在教师对疑难问题的解答或教学内容的精讲上。那些课上没学会或缺课的学生，可以在课外登录"移动自主课堂"，自主学习课堂教学中的相同内容。在课外，系统根据每位学生的学习路径和近期学习情况，针对教学过程中的重难点和每位学生的错误点进行个性化推荐。根据系统记录的学生错误试题的数据，教师可以进行个性化指导。

3. 学习轨迹与成长记录

移动自主课堂可以详细记录学员的学习过程和学习习惯等相关数据，加上教师的指导，系统能充分发挥这些数据的作用。

（四）移动自主课堂教学模式的设计

移动自主课堂包含的角色有学生、教师和管理员，他们都可通过 Web 或者平板电脑与服务器交互，实现所需的功能，如出题、出卷、布置作业、考试、做题、批改作业等。

Web 浏览器主要给管理员和教师提供图形用户接口，以方便使用电脑进行系统的管理工作，主要包括系统参数设置、用户管理、题库管理、试卷管理、考试管理和教学质量分析等相关功能。

平板电脑方式可为所有角色服务：管理员可以了解指定教师和班级情况；教师可以实现实时出题、出卷、布置作业、批改作业、改卷，查询学生学习情况等；学生可以实现实时学习、考试、练习等。

信息化环境下移动课堂教学模式探究以移动自主课堂为核心，我们还设计了"四课型"渐进式自主学习方式。其基本模式是：先学、精讲、后测、再学，即教师提前通过学生学习支持服务系统向每位学生发送资源包，包括导学案、课件、测试题及有关学习资源（包括微视频等），学生参考资源包，依据课本进行预习自学，并记录问题或疑问；学生通过平板电脑或其他媒介展示学习成果，或通过学生学习支持服务系统进行前测，通过测试展示学习成果或问题；重难点内容由学生或教师进行点拨，在充分质疑交流的基础上进行归纳总结（老师与学生互动）；最后通过学习平台进行练习，系统自动统计测试成绩并进行分析，之后由学生、教师或系统进行讲评、评价。

二、云计算网络移动自主课堂的改革突破

移动自主课堂是基于无线网构建的课堂教学支撑平台，充分吸收了无线互联的优势，教师可根据教学目标、教学内容、教学方法等，利用资源开展备课、上课等教学环节，并建立知识点之间的内在联系。这种课堂教学支撑平台支持下的课堂教学可满足如下要求：

第一，满足课堂教学的要求。慕课和翻转课堂无法支持课堂教学的各方面要求，而移动自主课堂支持课堂教学的各个环节，包括备课、上课、提问、课堂练习、单元测验、考试、学生评价等，并具有可操作性和方便性。

第二，可随时随地组织课堂教学。慕课授课形式具有局限性，翻转课堂不能实时进行课堂教学，移动自主课堂在无线网络的支持下，可以不限时间和地点地组织课堂教学。

第三，支持各种形式的教学模式，其中包括慕课模式和翻转课堂模式。慕课是典型的先教模式，翻转课堂是先学模式。

第四，支持因材施教。基于大数据，自动或人工获取教学行为、学习行为等数据，建立评价体系和数据挖掘模型，客观评价学习效果、教学效果等。然后根据这些数据和评价信息，因材施教。

第五，支持教学资源开放、共享。原则上，移动自主课堂支持各种形式的教学模式和学习方式。

（一）构建自主学习的移动课堂

自主学习（意义学习）是相对于被动学习（机械学习、他主学习）而言的，是指教学条件下学生的高质量学习。自主学习概括地说就是"自我导向、自我激励、自我监控"的学习。教师在课堂上引导学生分组讨论，解决问题，对一些共性问题进行点拨。

我们要强调自主学习、合作学习、探究学习，要把所有学生的学习都提高到自主学习的高度。自主学习就是，学生自我导向——明确学习的目标，自我激励——有感情的投入，自我监控——发展学生的学习策略和思考策略，是教学的一个目标，应通过解决真实具体的问题来更好地明确解决问题所依持的原理，让学生能够把这一原理应用到更广泛的情境中去。原有的试图说服学生、命令学生、简单重复已有的正确结论的学习方式禁锢了学生的思想，剥夺了学生质疑的权利，压抑了学生的创造潜能。

根据国内外学者的研究成果，具体地说，自主学习具有以下几个方面的特征：学习者参与确定对自己有意义的学习目标，自己制定学习进度，参与设计评价指标；学习者积极发展各种思考策略和学习策略，在解决问题中学习；学习者在学习过程中有情感的投入，学习过程有内在动力的支持，能从学习中获得积极的情感体验；学习者在学习过程中对认知活动能够进行自我监控，并做出相应的调适。

自主就是尊重学生学习过程中的自主性、独立性，在学习的内容上、时间上、进度上，更多地给予学生自主支配的机会，给学生自主判断、自主选择和自主承担的机会。过去的课堂是老师安排学生学什么，什么时间学，学生始终处于被动状态，这种过度安排减少了学习的兴趣和学习过程中的美好体验，而自主学习是可以有效地促进学生发展的学习。大量的观察和研究充分证明：只有在此种情况下，学生的学习才会是真正有效的学习。学生会感觉到别人在关心他们，对他们正在学习的内容很好奇，会积极地参与到学习过程中，在任务完成后得到适当的反馈，可以让他们看到成功的机会，对正在学习的东西感兴趣并觉得富有挑战性，使他们感觉正在做有意义的事情。例如，弗莱明发现青霉素的过程就是自主学习及时发现问题、提出问题、解决问题的过程。1928年底的一天，弗莱明和他的同事在实验室闲聊，突然发现一只原本培养金黄色葡萄球菌的培养皿出现了一圈清晰的环状带，于是提出疑问：为什么霉菌周围的金黄色葡萄球菌消失了？是不是在霉菌中存在一种物质可以杀死葡萄球菌？带着问题继续研究，终于制成具有杀菌力的青霉素。这说明科学发现，需要多问几个为什么。要促进学生自主发展，就必须最大可能地创设让学生参与到自主学习中去的情境与氛围。

(二) 构建合作学习的移动课堂

合作学习指教学条件下学习的组织形式，相对的是"个体学习"与"竞争学习"。是学生之间和师生之间的互动合作，平等交流。学生不再是孤立学习，而是愿意与同伴一起合作学习，与人分享学习与生活中的失败与成功的体验。合作是一种开放的交流。培养学生合作的品质，乐于与他人打交道，是培养人的亲和力的基础。合作学习即学生在小组或团队中为了完成共同的任务，有明确的责任分工的互助性学习，它有以下几个方面的要素：积极承担在完成共同任务中个人的责任；积极地相互支持、配合，特别是面对面的促进性互动；期望所有学生能进行有效的沟通，建立并维护小组成员之间的相互信任，有效地解决组内冲突；对个人完成的任务进行小组加工；对共同活动的成效进行评估，寻求提高其有效性的途径。

合作动机和个人责任是合作学习产生良好教学效果的关键。合作学习将个人之间的竞争转化为小组之间的竞争。如果学生长期处于个体的、竞争的学习状态，久而久之，学生就很可能变得冷漠、自私、狭隘和孤僻。合作学习既有助于培养学生合作的精神、团队的意识和集体的观念，又有助于培养学生的竞争意识与竞争能力。合作学习还有助于因材施教，可以弥补一个教师面向有差异的众多学生的教学的不足，从而真正实现使每位学生都得到发展的目标。在合作学习中由于有学习者的积极参与，高密度的交互作用和积极的自我概念，因此教学过程不只是一个认知的过程，同时还是一个交往与审美的过程。研究表明，如果学校强调的是合作而非竞争，既不按智力水平分班，又不采取体罚的措施，那么这种学校就不太会发生以大欺小、打架斗殴及违法犯罪等事件，同时也不会因为强调竞争而降低学习成绩。事实证明，要提高一个孩子的学习成绩，更有效的办法是促进他的情感和社会意识的发育，而不是单纯集中力量猛抓他的学习。合作学习可以帮助学生通过共同工作来实践其社会技能。合作式的小组学习活动可以培养学生的领导意识、社会技能和民主价值观。

(三) 构建探究学习的移动课堂

教师要积极在课堂上开展探究式教学，让学生不仅知其然，还要知其所以然。探究式教学的含义是在教学过程中以构建具有教育性、创造性、实践性、操作性的学生主题参与活动为主要形式，以鼓励学生主动参与、主动探究、主动思考、主动实践为基本特征，以教师合理、有效的引导为前提，以实现学生各方面能力的综合发展为目的，促进学生整体素质的全面发展。探究学习相对的是接受学习。接受学习是将学习内容直接呈现给学习者，而探究学习是将学习内容以问题的形式呈现出来。和接受学习相比，探究学习具有更强的问题性、实践性、参与性和开放性。通过探究过程获得理智和情感体验、建构知识、掌握解决问题的方法，是探究学习要达到的三个目标。"记录在纸上的思想就如同某人留在沙上的脚印，我们也许能看到他走过的路径，但若想知道他在路上看见了什么东西，就必须用我们自己的眼睛。"德国哲学家叔本华的这番话很好地道出了探究学习的重要价值。探究学习有助于发展学生优秀的智慧品质，如热爱和珍惜学习的机会，尊重事实，客观、审慎地对待批判性思维，理解、谦虚地接受自己的不足，关注好的事物等。

探究创新意味着不故步自封、不因循守旧、不墨守成规，总是试着改变，创新、探究和发展是健康人格的重要组成部分。一个自我实现的人总是具有开拓进取、勇于冒险的精神，不会固守不变的东西得过且过。探究学习即从学科领域或现实社会生活中选择和确定研究主题，在教学中创设一种类似于学术（或科学）研究的情境，通过学生自主、独立地发现问题、实验、操作、调查、信息搜集与处理、表达与交流等探索活动，获得知识、技能，发展情感与态度，特别是探索精神和创新能力的学习方式和学习过程。中学生物学探究式教学过程：启发引导—自主研究—讨论深化—归纳总结—应用创新。

探究学习的基本思路：明确学习目标，带着问题去学习探索新知识，可通过预习列出知识框架，找出疑难点，查找资料，尽可能先解决。课堂上，教师要走下讲台，到学生中间去，当好导演，要调动好课堂气氛，让学生在课堂上有问题就提，有问题就探究，有问题通过小组合作来解决。要允许学生发表不同的观点，教师只在一些科学性的问题上给予明确答案，适时进行点拨指导。如果学生提不出问题，教师要事先准备好有探究性的问题，不同类型的内容有不同的探究方法，有新的知识点的探究，有概念间区别的探究，有科学家研究问题思路的探究，有探究性实验的设计，有探究性问题的资料研究，有对照实验设计探究，有实习、实践等问题探究等。

（四）教师落实移动课堂教学模式

教师走下讲台，努力创造活跃的课堂氛围，可以使学生迅速进入情绪高昂和振奋的状态，这样才能有效促进学生思维方式及思维迁移能力的培养，达到培养学生联想类比能力的目的。这就是"激趣—探究"教学，其基本模式为：激发兴趣，提出问题，做出假设；设计方案，分组实验，合作探究；分析数据，发现规律；综合考虑，得出结论。"激趣—探究"教学真正使课堂成为一种民主、和谐、共进的平台，最大限度地提高了学习的自由度。这种教学模式改变了师生在课堂中的角色定位，学生成为课堂的主角，教师担当了导演，通过教师的"导"，让课堂成为一个真正的"学习共同体"，教师与学生分享彼此的思考、经验和知识，交流彼此的情感、体验和观念，共同创建一个"合作型的课堂"，使师生在合作的过程中都能有所收获，真正实现师生的共同发展。教学从"主体失落"走向自身觉醒，教学觉醒意味着教学主体的回归，教学觉醒意味着教学过程是一种对话。学生从边缘进入中心，需重视学生的多元化，需要将教学回归学生的现实生活。

关注学生作为"整体的人"的发展。让每一位学生都自信，使每一位学生都成功，谋求学生智力与人格的协调发展。倡导个性化的知识生成方式。学校教学应激发学生发现和创造的兴趣，满足学生主动认识世界的愿望，使学生形成独立思考的习惯，具备终身学习的能力。因为我们所处的时代是一个知识激增的时代，知识浩瀚无边，教师所能教给学生的只是知识总量中的极少一部分。学生只有通过主动的探究学习，才能形成对自然界客观的、逐步深入的认识，形成一定的概念和概念体系。激趣—探究变"组织教学"为"动机激发"，变"讲授知识"为"主动求知"，变"巩固知识"为"自我表现"，变"运用知识"为"实践创新"，变"检查知识"为"互相交流"。

（五）翻转课堂的定位

翻转课堂是对传统课堂的变革，是在优秀教师的指导下，先学后教的课堂教学模式。它以发挥学生的参与性与主动性为目标；充分尊重学生各方面的差异，注重学生个性发展；在知识高效传送的基础上，推动课堂教学从"知识导向"向"综合素质导向"转变。

翻转课堂是利用当前信息技术的条件和大数据分析的优势，为改变学生学习方式和教师教学方式而进行的一种教学改革尝试，把教师重复讲授的内容，如概念讲解和事实展示等，放在课堂教学之前，通过视频或其他形式提供给学生学习；让学生更加主动学习，让学生逐步学会对自己的学习负责。同时，在当前信息化社会背景下，它充分利用数字化技术，实现教与学的及时互动与信息反馈，把握学生的个体差异，强化教育教学的针对性，使学生的个性发展尽可能得到满足，尝试为班级授课制背景下学生的个性化学习提供可能和载体。它使学生在课后高效学习的基础上，充分利用课堂上的宝贵时间完成作业、合作学习、动手操作、探究创造，实现从"知识导向"向"知识与能力融合"、"认知导向"向"认知与情感统一"的转变。

1. 翻转课堂的指向——让学生自己对其学习负责

翻转课堂的研究者和实践者一再强调，让每位学生对自己的学习负责。个体终究要独立面对社会，处理各种复杂的社会问题。培养个体的自主自立意识和能力既是一个社会问题，更是一个教育问题。在基础教育阶段，如何培养学生的自主学习能力，让学生自己对其学习负责，是学生学习成功的关键所在。当然，学生的自主学习意识和自主学习能力，是很难自然形成的，这需要老师和家长共同培养和教育。

在我国，学生的自主学习能力同样受到教育者的关注。杭州学军中学校长陈立群曾提出过学生学习的"三个当家"理论，即自己当家、他人当家、无人当家。在其他条件相似的情况下，如果孩子能对自己的学习负责，自己当家，其学习及今后的发展一般都比较好，在今后的社会生活中抵抗挫折的能力也较强；如果是教师和家长等他人为孩子的学习当家，其学习有的也不差，但是在未来的生活中，他们依赖性较强，独立性较弱；如果没有人为孩子的学习当家，在大多数情况下，这些孩子的学习不会很好，在未来生活中也会产生各种问题。这一事实表明了自己当家，即孩子自主学习意识和能力的重要性。学校要努力促使学生自己当家。在之前一家只有一个孩子的情况下，家长对孩子的生活过度关照，教育的激烈竞争导致学校对孩子的学习过度安排，使不少的孩子很少有机会发展其自主的意识和能力，这对其在校学习、在社会中生存等都不利。如何培养孩子的自主学习意识和能力，成为全球教育者共同关心的重要课题。

翻转课堂作为一种"先学后教"的模式，在促进学生自主当家方面有着天然的优势，主要体现在：自定进度与步骤的自主学习方式有效地减轻了学生的心理负担，增强了学生主动参与讨论的积极性。在班级授课制度下，教师在课堂上不是面对个别学生进行讲授，部分学生可能在还没充分掌握相关学习内容时教师就已完成授课。事实上，只要有学生提出问题，教师就愿意为其做出进一步指导。然而，在课堂上很少有学生会经常提出问题，因为他们害怕别的同学认为自己比别人笨。在微视频学习的基础上，学生初步掌握了基本的知识，他们在课堂上感到自己有话可说，有话能说，因此课堂讨论中的参与度得到了极大的增强。心理学的研究表明，人的任何行为都是由动机所推动的。这种动机有时是内部的，譬如对阅读本身的喜欢，对探究知识的兴趣，对实验过程的好奇等。但是对于学生尤其是低年级的学生而言，学习的动机更多是外部的，学得好就有更多机会在同学面前展示，就有机会教自己的同伴，每个人都有展示自己的欲望；学得好就能够得到老师的表扬、家长的鼓励、同学的羡慕等。翻转课堂给了学生展示自己的舞台，这无疑对学习自主性的增强具有极大的意义。这是他们迈向自己对学习负责、自己对未来生活负责的第一步，其意义绝不能低估。

很多人都有如下担心：学生中还有一些自律性不是很高的孩子，课后学生不学微视频怎么办？回到家中，手中拿着平板电脑，学生只玩游戏，不学课程怎么办？微视频的学习要比做作业更"好玩"，更适合学生"玩"的天性，因此它要比作业更能吸引孩子。在这一判断的基础上，可以合理地假定：课后不学微视频的孩子的比例不会超过不做作业的孩子。其实，这一假设已经被国内外正在进行翻转课堂实验的学校所证实。

当然，可以肯定地说，在任何时候都会有一些孩子抵挡不住外界的诱惑，出于贪玩的本性，课后不学微视频，或借学习的名义在网上玩游戏。现代数字技术已经发展到可以实时了解学生在线学习情况的地步，它为家长与教师实时地干预学生的学习，帮助学生树立良好的学习习惯提供了技术支撑。这一过程也是逐步培养学生对自己学习负责的过程。事实表明：孩子贪玩并不可怕，因为贪玩是孩子的天性。对教育而言，可怕的是让学习成为可怕的事。不幸的是，学生害怕学习，在我国不少学生身上已经成为现实。翻转课堂旨在转变这种状态，让学生喜欢学习，让学生发自内心地感到学习是自己的事，而不是为了应付家长与学校，最终让学生能对自己的学习负责。

2. 翻转课堂的目标——让每名学生成为最好的自己

客观地说，现行的课堂是在历史发展过程中形成的，与特定的历史阶段相匹配，它有着极大的合理性。然而，随着社会的发展，人们对教育的要求越来越高，它的一些弱点也逐渐显现出来。这些弱点主要是：

（1）整齐划一的教学步骤。在班级授课制度下，面对着不同的学生，教师很难照顾到学生的个体差异。教师只能以大体相同的教学进度来面对各不相同的孩子。然而，每个孩子都是独特的主体，智力发展、人格倾向、个人喜好都有所不同，教师的教学活动一般都很难照顾到个体之间的差别。一种教学方式适应一部分学生，另一部分学生可能感到无所适从。课堂以教师的教为主，学生学习比较被动。学生学习什么，如何学习，什么时候学习，学到什么程度等，都是被规定好的。学生被动按照教师设计的轨道前进。

然而，每名学生都是独特的个体，有着不同的学习速度和学习风格。一个班级内，对于同一内容，有的学生很快学会了，有的学生可能需要花费两倍的时间才能学会；有的学生喜欢听讲的方式，有的学生可能喜欢演示的方式，还有的学生可能需要亲自动手操作才能学会。一名学生学习数学很轻松，但是写作文很吃力，另一名学生正好与此相反。有的学生喜欢分析各种物理现象，有的学生擅长手工等。

无论是东方还是西方，在传统的班级授课制度下，老师以相同的课程标准、同一本教材、同样的学习时间、同样的教学方式，来面对这些学习个性差异的学生。显然，有的学生很快学会了；有的学生刚好学会；还有的学生跟不上老师的节奏，没有完全弄明白老师说的内容。下课时间到了，老师离开教室。课程进展到同一程度，留下了同样的作业，学会的学生作业很快完成了，学得不好的学生会一直困惑。第二天，延续同样的模式，困惑的学生会越来越困惑。教学的实践表明：只有学生每一步的发展得到保障，学生的全面发展才能得到保障。对于绝大多数"差生"来说，他们在学业上的落后并非天生的，而是在学习过程中慢慢积累的。今天的学习比别人差一步，明天的学习再差一步，长此以往，所谓的"差生"就形成了。其实，按照布卢姆的观点，"差生"和其他学生的差别就在于，他们学习同一内容所需的时间更长，如果时间允许，再加上有适合他们的学习材料，95%的学生都可以达到掌握的程度。

（2）相对滞后的教学反馈。教师夹着厚厚一摞作业本走进教室，课后又带着一摞学生新交的作业本走出教室，这是目前我们在学校最常见的情景。如前文所述，作业是学生巩固所学知识的重要手段，也是教师了解学生日常学习情况的主要途径。教师在课堂上布置作业，学生在课后完成作业，教师从学生完成的作业中了解他们的学习情况，这是当前教学的常态。师生们已经习惯了这样的教学反馈模式。

然而，事实是即使教师在隔了一堂课后准确地了解了学生的学习情况，也很难在课堂上及时并有针对性地采取补救教学措施。与此同时，教师批改作业也成了很大的负担，以致出现了一些教师抽查作业的情况。这在客观上已使作业失去了教学反馈的功能，导致学生学业上的问题积累到了一定程度，教师才发现他们存在的问题。教学反馈的相对滞后在相当程度上影响了教学质量的提高。

（3）多数沉默的互动现实。为改变课堂教学中学生被动接受的现状，近年来，不少学者和教师做出了诸多探索和不懈努力，如减少班级规模，尝试班级内的同伴互助、小组合作等策略。实践中，这些措施都取得了一定的积极成效，但是在教学流程不变的情况下，其效果注定是有限的。

在大班额的情况下，人们发现在班级互动环节，比较活跃的总是那么几个所谓的"尖子"学生，他们思维敏捷，性格开朗，在师生互动中积极带头；而另一批学生往往成了"沉默的多数"，他们或很少发言，或只是在被教师点名以后才发言，或跟在"尖子"学生后面发言。他们担心自己对教学内容理解不深，掌握不透，发言水平不高，有可能被老师和同学小看，长此以往，就造成了班级内的成绩分化。

（4）让每名学生成为最好的自己。如何让教学顺应学生的差异，为每名学生的充分发展提供指导和帮助，一直困扰着全球的教育工作者。翻转课堂为"让每名学生成为最好的自己"提供了可能。

"先学后教"的模式为教学过程中每名学生提供公平的机会创造了条件。学生差异是客观存在的，作为一种"先学后教"的模式，学生在课下就已经掌握了基本的知识，尽管他们掌握这些知识所花费的时间，以及所采用的方式可能各不一样，但是他们也因此有了在课堂讨论中的发言权，他们不再甘心充当"沉默的多数"这样的角色，他们也要在班级各种活动中积极表现，找回自信。此外，及时且非滞后的反馈使教师极大地提高了教学的针对性，无须等到问题成堆以后再去解决。对于少数学生的个别问题，现代数字技术能够方便地找出其存在的原因，从而使这些个别问题得以解决。多种途径的学习为不同思维类型的学生找到适合自己学习的方式提供了更多的选择机会。以《翻转课堂：超越视频学习》为题的论文中指出，慕课学习和翻转课堂的魅力在于，它让人们意识到学习可以有多种媒介和途径，而不仅仅是在课堂内。事实上，对于一段在线教学内容，人们可以找到多种方式表达的视频，张老师的没看懂，可以再换李老师的，学生总能找到一段适合自己的视频。不让任何一名学生掉队，让每名学生成为最好的自己，这就是翻转课堂的目标。

3. 翻转课堂的追求——让教育从知识本位走向综合素质本位

综合素质包含学生的认知、情感与身体各方面的素质。所谓教育从知识本位走向综合素质本位，就是说教育要从以往只注重知识走向也注重学生能力，其中主要是学生高级思维能力的发展，同时更要注重学生情感价值观的养成，注重学生身体与心理的健康。

从知识本位走向综合素质本位，这是社会发展对教育的要求。重视学生综合素质的培养，尤其是价值观的养成，是基础教育阶段自始至终的重要任务，越来越受到世界各国的重视。联合国总部启动了《教育第一》的全球倡议行动，倡议指出，教育应充分发挥其培育为人之道的核心作用，培养全球公民意识，帮助人们构建更公平、和谐和包容的社会，并在教育内容上更加强调价值观的培养。对未来社会发展的研究表明，未来人才的培养目标至少应该包括以下几个方面：

（1）国际视野与本土情怀的融合。《国家中长期教育改革和发展规划纲要（2010—2020年）》特别强调了教育的国际化，这是有重要意义的。现代人需要有国际视野，懂得国际社会，理解各国文化，通晓国际规则，适应国际竞争，能在国际舞台上贡献自己的一份力量。

与此同时，我们不能忘记，在让学生有国际视野的同时，还要让他们爱家乡、爱土地、爱祖国。国际化并不是把更多的孩子送出国，或者使更多的孩子在学校期间有更多的国际交流机会。"爱国"是社会主义核心价值观之一。国际视野与本土情怀的融合就是要让孩子热爱中国、热爱家庭、热爱父母，这两者缺一不可。一个人如果对家庭都不热爱，对家乡都不热爱，很难有什么东西再值得他热爱了。

（2）精英素质与平民意识的结合。一些优质学校提出要培养各行各业的领袖人才，当然，这些领袖人才不一定是政界的领袖，可能是IT界的领袖，引领IT技术的发展；可能是物流界的领袖，引领物流业的发展；可能是商贸界的领袖，带动商贸界品质的提升。中国的发展需要在每个行业的国际竞争中都能涌现出领袖级的人才。社会需要这批精英，他们能为社会带来财富，创造财富。但是，这些精英一定要有平民意识，要让他们理解创造财富是为了解决民生，是为了服务大众，是为了每个百姓，要让他们关注社会弱势群体。那些高高在上，整天在炫富的"精英"不是我们教育的追求。为此，我们特别强调把精英素质和平民意识结合起来，否则这样的"精英"可能最终会被社会所抛弃。

（3）科技能力与人文素养的统一。没有科技的进步就没有经济和社会的发展，就不可能有产业的提升和转型。我们培养的人才需要有人文素养，能够始终从人性出发，以高质量的人文素养把握科技发展的方向。唯有如此，我们的社会才有可能持续地发展，我们的地球才有可能持续地成为人类栖息的家园。

现在社会发展在很大程度上是依赖高科技的。因此，学校要让学生懂科学，懂技术，这样他们才能为社会创造财富。但是客观地说，当今社会对科学技术的重视有余，而对人文精神的敬慕不足。我们要珍惜生命、关爱他人，要有人文情怀、人文素养。现代社会拜金主义、物质崇拜泛滥，这些要引起教育工作者的高度关注。所谓人文情怀，就是要关注生命的意义，生命的价值，学会相互理解，懂得和谐包容。

（4）身体发展与心理健康的和谐。身体健康是当前几乎全社会都给予了高度关注的问题，然而，不幸的是，学生是个例外。《国家中长期教育改革和发展规划纲要（2010—2020年）》（以下简称《纲要》）提出学生每天要锻炼一小时，《纲要》是一个很宏观的文件，却把这么细小的一个点写进去，可见这个问题的严重性，值得教育工作者反思。人们发现，那些最关心、最疼爱学生的父母和教师都在想方设法把各种学习负担加给学生。因为他们相信，只有多学点知识，他们的孩子才会有美好的前途。他们认为，让孩子多学点知识，这是对孩子前途负责的唯一选择。

应当承认，家长在这一问题上的抉择有非常理性的一面。从家长角度来说，他们认为未来社会竞争将日趋激烈，他们对孩子的期望不断提高。家长对未来社会竞争将日趋激烈的预期应当说是基本正确的，对孩子的期望不断提高也是无可指责的。教育推动了社会的进步和文明的发展。

当然，学习总体而言还是艰苦的，为此，我们要鼓励学生。为了社会的发展，为了他们自身人生价值的实现，要鼓励他们培养克服各种学习困难的毅力与勇气。但是，当学习成为一种"折磨"，而这种"折磨"超出了学生心理的承受能力的时候，作为家长和教育工作者，难道不需要认真考虑吗？我们让学生付出的代价是否太大，是否值得，尤其是当学习这种"折磨"超出了学生心理的承受能力，学生表现出一些反常甚至反社会的行为的时候，社会为此付出的代价是否太大，是否值得，是否有可能减少不必要的代价。

从这一事实出发，我们对家长和老师的建议是：千万别逼孩子去学超出他能力的或他不愿去学的东西。每个孩子都是不一样的。人家孩子能做到的，你的孩子也未必能做到；人家孩子能学好的，你的孩子未必能学好。当然，你的孩子能做到的，人家孩子也未必能做到；你的孩子能学好的，人家孩子未必能学好。最好的学习就是代价最小的学习，是和孩子兴趣相配的学习。学习不能只考虑学生的兴趣，也不能不考虑学生的兴趣。看到人家孩子在哪一方面成功了，就希望自己的孩子在这方面也能成功，不从孩子的实际出发，往往是家庭和学校教育失败的开始。

相关的调查显示，在我国有相当比例的师生有不同程度的身心健康问题，这对学生会产生难以估量的影响。我们都知道，扭曲的教育会导致学生形成扭曲的人格，给他带来扭曲的人生，因此关注身心健康应该是学校关注的一个重要方面。学校教育应当注重学生健康的身体与健全的心理。

（5）鲜明个性和团队意识的协调。没有个性就没有创造。每个人都应该有自己的个性，你是你，我是我。然而，不管个人有什么个性，在现代社会中，都要讲团队、讲协作。所以，人们希望今天的教育所培养的孩子个性是鲜明的，同时又具有团队协作意识，能在未来社会中成为一个能够交流的、健康生活的人。

重视知识的传递一直是教师的重要表现。新课程改革虽明确提出对学生培养的三维目标（知识与技能、过程与方法、情感态度与价值观），但由于受到当前考试评价体制的制约，过程与方法、情感态度价值观的内容很难在纸质试卷中体现。这导致在当前的教学过程中，被师生所重视的依然主要是知识的记忆、理解和应用。过程与方法、情感态度与价值观的教育和培养处于被弱化、不受重视的状态。

有不少人一直在质疑：慕课是否适合学生教育。在他们看来，学生阶段是孩子人生观、世界观与价值观形成的主要阶段，虚拟的网络世界阻断了师生之间，甚至生生之间面对面的交往。这种交往的缺失必然会导致学生在情感态度与价值观方面教育的缺失。事实上，慕课一开始就是以"微视频+翻转课堂"为基本模式的，这一模式为师生与生生之间更深入的交流提供了充分的时间，为他们相互之间更深刻的影响提供了难得的机会。

微视频学习是翻转课堂实施的前提，翻转课堂是为了解决微视频学习不能解决的问题，如师生和生生的讨论交流，思想、碰撞与深化，情感与心灵的交融，理想信念与价值观的确立等。这些都是需要在课堂上完成的，微视频学习和翻转课堂是密不可分的。这一事实决定了翻转课堂不会忽视学生情感态度与价值观的教育。

三、翻转课堂教学的重要性

（一）翻转课堂转变了传统的教学模式

传统的教学过程以教师讲解和学生听讲为主，在这种传统的教学模式下，出现了教师很努力但学生学习兴趣不高的现象，这样的课堂无法形成真正的师生互动，更无法形成真正的生生互动。在这种教学模式下，学生的学习兴趣很低，学习效率也很低，尤其是以科学和严谨著称的信息技术课程，很多学生的学习积极性本应该很高，但在传统的教学模式下，很大一部分学生不喜欢信息技术课程。翻转课堂教学模式将这种传统的教学模式进行了一次翻转，学生成了课堂的主体，他们在教师的引导下合作探究、互相讨论，彼此之间协作竞争、互相提高，教师在教学的过程中教学水平和业务能力也有了很大提高。

（二）翻转课堂营造了个性化的学习环境

在传统的教学模式中，教师准备一堂课要顾及班级里各种各样的学生，而这堂课的内容仅仅适合其中一小部分的学生。在这样的情况下，新课改所倡导的分层次教学就无法实施。翻转课堂的出现打破了这一僵局，教师可以在上课的过程中利用多种教学情境，引导学生相互协作、积极探究，在激发学生学习能动性的同时内化所学知识。这样的课堂适合每一名学生，适合每一个层次的学生，他们能根据教师发放的学习任务来达成自己的学习目标。

在利用翻转课堂的时候，电脑的基础知识很重要，但是单纯的信息技术知识很枯燥，学生不喜欢学习这些电脑知识，所以教师可以通过翻转课堂设置一些个性化的学习环境让学生去学习，去体验。比如，现在的中学生对电脑游戏比较感兴趣，所以为了让学生更好地学习电脑的基础知识，教师可以设置一些连连看之类的小游戏，让学生进行通关式游戏，在通关的过程中，让学生学习电脑相关的硬件知识，这样学生学得比较牢固，而且学生通过互相帮助能够一起探索完成整个游戏，在这个合作的过程中，学生的合作能力将会显著提高。

（三）翻转教学模式能改善课堂管理

在传统教学课堂上，教师必须全神贯注地注意课堂上每名学生的动向，关注自己所讲的每一个知识点是否讲清讲透。大家都清楚，讲课不可能每一节都有趣，一旦知识较难或教师准备得不充分，或一些学生稍有分心，就会出现部分学生跟不上的情况，此时有些学生就表现出无聊的神态或搞小动作影响其他人学习。在翻转教学模式下，每名学生都在忙于活动或小组协作，缺乏学习兴趣想捣乱的学生也有事可做，课堂管理问题就消失了。

（四）翻转教学模式帮助学生获取多元化的知识渠道

科学技术的发展，尤其是信息技术的到来，大大变革了学生的学习方式。电子白板、移动学习终端等学习工具、教学工具的推广和普及，改变了教师作为单一知识来源的局面，翻转教学使学生获取的信息量更多，探索的空间更为宽广，可利用的学习形式更为丰富有趣，使学生获取知识的渠道从单一向多元化转变，从被动学习变为主动学习，从而真正成为学习的主人。

（五）翻转教学模式激发学生的学习热情

在传统的教学中，如果教师不能用知识的疑点去吸引学生，不能用优美的语言去感染学生，课堂教学就会出现教师"单脚跳独舞"的现象。随着时间的推移，学生听得枯燥乏味，教师讲久了自己也觉得没劲。翻转教学最大的好处就是全面提升了课堂教学的互动性，教师的角色已经从内容的呈现者转变为学习的教练，教师有时间与学生交谈，回答学生的问题，参与学习小组，观察学生之间的互动，对每名学生的学习进行个别指导。在这样的环境中，学生体会到教师是在引导他们学习，而不是发布指令，也不会因怕答错问题而拘谨，而是轻松、自信、有意义地去学习。

（六）翻转教学模式让学生自己掌控学习节奏

每名学生的学习能力和兴趣都是不同的。在传统课堂教学中，最受教师关注的往往是最好和最聪明的学生，他们在课堂上积极举手、响应或提出很有价值的问题，其他学生则被动地听，甚至跟不上教师讲解的进度，也无法真正实现分层教学。翻转教学利用教学视频，使学生能根据自身情况来安排和控制自己的学习，真正实现分层教学，每名学生都可以按自己的速度来学习。学生在课外或回家看教师的讲解视频，在轻松的氛围中进行学习，不像在课堂上教师集体教学那样神经紧绷，担心遗漏什么，或因为分心而跟不上教学节奏。学生观看视频的节奏全由自己掌握，懂的部分快进跳过，没懂的部分倒退反复观看，也可停下来仔细思考或做笔记，甚至还可以通过聊天软件向老师和同伴寻求帮助。

（七）翻转教学模式让教师与家长更好地引导学生

翻转教学模式改变了教师与家长交流的内容。每次开家长会，父母问得最多的是自己孩子在课堂上的表现和成绩，如是否专心听讲，行为是否恭敬，是否举手回答问题，是否完成作业等。实施翻转教学后，课堂上的这些问题也不再是重要的问题。取而代之的是：学生回到家是否学习？如果他们不学习，家长能做些什么来帮助孩子学习？这个更深刻的问题会带领教师与家长思考：如何把学生带到一个学习的环境，引导学生主动学习，帮助学生成为更好的学习者。总之，经过翻转教学后，教师有精力、有时间去获取新知识和新理念，以便不断丰富自己。这样在45分钟的课堂上教师不再是满堂"灌"，而是用高度概括的语言把知识精要讲给学生，重视知识的生成过程，教会学生归纳概括，做到有的放矢，真正做到讲课高效、学习高效、时间高效、效果高效。

（八）翻转课堂构建了互动、协作、探究的学习模式

学习的过程不是一个学生能独立完成的事情，它需要教师与学生交流、互动，共同完成，在这个过程中学生完成知识的内化。但是在传统的课堂上，这种知识的内化实现起来非常困难，因为教师面对的是整体的学生。翻转课堂将这一内化过程拉长，学生不仅仅在课堂上通过学习得到知识，在课堂外也照样能够习

得知识。翻转课堂还可以利用多媒体及网络来实现教师授课随时暂停、反复播放等，有利于学生参与其中，并反复观看、揣摩、思考等。此外，翻转课堂也实现了教师与学生、学生与学生之间的互动，以合作探究小组的形式一起探究，最终达到学会的目的，并且能够灵活地进行知识的应用。

因此，在平时教学过程中教师应该专门建立一个学习、交流的平台，然后将自己制作的课件或者攻克难点和重点的过程放在这个平台上，供学生下载学习，如信息库的设计方式，发布信息和处理信息的方式等。有了这个平台，学生就可以随时随地的学习、复习这些知识，即使有些学生在上课的过程中没有听懂这些内容，在课下自己学习和再复习的时候也能慢慢地理解这些内容，这其实就是翻转课堂的一种方式。

（九）翻转课堂促进了教学评价的改变

在传统的教学过程中，教学评价的方式简单又直接，利用考试成绩来评价学生的学习努力程度和学习态度，这种方式既不合理，也不科学，更不人性化。翻转课堂实施以来，教学评价方式发生了相应的转变，不仅评价学生的学习结果，还利用学生档案评价学生的学习过程，不仅做到了定性评价和定量评价相结合，更做到了形成性评价对总结性评价的总结和补充。另外，翻转课堂还注重以自评和互评相结合的方式对学生进行评价，不仅让学生知道自己有哪些方面做得不足，还让其他的学生对自己进行监督和评价，这样，学生能够随时看到自己的不足，能够随时根据评价内容来调整自己努力的方向。

第五章　高校高等教育教学信息化评价与教学信息安全

在信息化背景下，高校的教育教学开始积极加强教学信息化建设。高校教学信息化的最终目的是建立数字化校园，其不仅需要在高校中积极运用更多先进的信息技术及信息设备，更为关键的是要加强对教师队伍的正确认识，使其树立更加科学的教学理念，灵活地运用信息技术，进一步完善教学过程，从而提高教学有效性。

第一节　高校高等教育信息化的科学化教学评价

教学评价是教学工作的一个重要组成部分，科学的教学评价能给教师和学生良好的教学反馈，能帮助教师对教学过程中出现的一些问题进行有针对性的解决，以促进教学过程的不断优化和教学活动的科学开展，并进一步促进学校教学的发展。本章主要对科学化教学评价的相关内容进行详细分析与研究，并结合教学信息化背景探讨如何构建科学信息教学评价体系。

一、教学评价的理论基础

（一）教学评价的概念与特点

1. 教学评价的概念

在学校教学产生之初，教育工作者就认识到了教学评价在教学中的重要作用。随着学校教学的不断发展，越来越多的学者指出了教学评价对完善教学过程、促进教学发展的重要影响，因此关于教学评价的专门性研究逐渐增多并深入。但是，目前国内外对教学评价的概念论述并不统一，一些学者尝试从不同的角度给予教学评价一个完善的概念界定。

我国有学者认为，教学评价的对象是学生，教学评价是对教学过程和教学成果给予价值上的判断。还有学者认为，教学评价包括对教师和学生的评价。教学评价是一种价值判断，评价的对象包括两个方面，即教师的"教"与学生的"学"，教学评价既要重视对过程的评价，也要重视对结果的评价。

2. 教学评价的特点

（1）动态性。众所周知，教学过程是一个开放性的过程，这一点在本书中被多次强调，教学过程中会遇到各种各样的问题，教学评价应对这些问题进行一一评价，教学评价应涵盖教学过程中的各种人、事、物，以及它们之间的关系。

在教学过程中，教师、学生及教学体系的各构成要素都在时刻发生着各种各样的变化，充满了不确定性，因此教学评价不能是一次性的评价，或者是针对某一个教学阶段的评价，必须进行动态化的跟踪，开展动态性的、阶段性的、发展性的评价。

（2）多元性。教学评价的多元性具体指评价主体的多元性。

在科学的教学评价中，评价主体是多个而非一个。在传统教学评价中，教师是学生学习的评价主体，学生的学习评价由教师一人进行，并得出评价结果。但是，教师面临的学生众多，不可能全面了解每一个学生的整个学习过程，而且教师往往是从教师的角度来了解学生，对学生的评价往往是不全面的结果性评价。

在教学发展新时期，新的教学思想和观点更加重视学生在教学中的主体地位，要求教师重视学生的发展，只有这样才能真正促进教学的改革与进步。因此，对于学生的评价应是多方面的，在教师评价的同时，也要重视学生互评、自评，还可以将家长评价、管理者评价纳入评价体系，使整个教学评价更加客观、全面、公正、科学。

（3）过程性。教学评价本身是对整个教学系统要素进行分析的过程，评价的内容应不限于代表教学结果的学生的期末考试分数、考试合格率、升学率等，更重要的是对教师的整个"教"的过程和学生的"学"的过程的评价，重视对评价对象进行纵向和横向综合比较。

以对学生的学习评价为例，不同的评价对象之间存在个体差异，虽然结果性评价可能是一样的，但是对过程中更加努力、积极进取的人应该给予肯定。教师应关注学生学习过程中的点滴进步和变化，注重学生日常的学习与发展，并及时给予评价。为了更加全面和详细地了解学生的学习情况，教师应系统记录学生的整个学习过程，对学生的进步过程有更加详细的了解和认识。在教学评价中，注重将学生平时的成绩与期末成绩相结合，不再像传统教学评价一样只关注期末考试成绩。

现阶段，我国教育强调素质教育，教师对学生的评价应该更关注学生综合素质的培养和发展，不能以学生的某一次成绩来轻易对学生的整个学习阶段的成长作评判，教师应关注学生在学习过程中的成长和进步。

（4）多样性。多样性的评价是指教学方法的多样性，科学的教学评价方法能提高评价工作的效率，使评价更加客观、科学。

对学生的评价是教学评价中最重要的一个评价内容，学生的学习态度、学习进度、学习成果等表现为多个方面，只使用一种教学评价方法不可能对学生多方面的表现与进步进行充分的评价，针对不同的评价内容应选择相应的评价方法，如此才能做到将学生的学习全方位地呈现出来，使评价更全面，对学生的了解更透彻。

科学的教学评价强调全面、客观和准确的评价，这就需要综合运用多种教学评价方法。教学评价的多样性，要求评价者应熟悉了解各种评价方法的适用情境、优势和缺点，想要获得更加准确、客观和全面的评价结果，就必须选出最优的评价方法，使评价结果更科学。在对某一方面进行评价时，可以在多种评价方法中进行选择，以便在教学评价中能灵活、准确地应用，使教学评价更加合理。

（5）发展性。教学评价旨在促进学生、教师、教学的全面发展与进步，教学评价的发展性，就是指教学评价应关注评价对象的发展与进步。

现代教学评价重视学生和教师的长期发展，教学的多元教育价值被越来越多的教学工作者认识到，也成为全社会普遍关注的一个教育问题。新的以人为本的教学观念要求评价者重视学生的发展、重视教师的发展。具体来说，教学评价者应重视教师与学生的全面进步，不能只重视某一方面、某一次课、某一阶段的发展。

（二）教学评价的目的与原则

1. 教学评价的目的

教学评价并非为了评价而评价，评价是为了发现问题、总结经验，有针对性地进一步完善教学，进而促进教学过程的完善，以及学生、教师、学校教学的发展。教学评价主要有以下几个目的：

（1）促进学生发展。教育教学旨在培养适应社会发展的全面人才，学生是教育成才的重要群体基础，教学离不开学生这一主体，整个教学过程都应该围绕学生展开，培养和增加学生的学习兴趣是促进学生主动学习、有效提高学生学习效率的重要途径与方法。教学评价旨在发现教学组织中不妥的地方并予以改善。

（2）促进教师发展。在教学评价中，以教师为对象进行评价能在客观上加强对教师教学的监督与指导，通过对教师专项教学素质和综合教学能力的评价，帮助教师发现自身不足，端正教学思想、观念与态度，科学施教，为教师提高教学水平、完善教学管理提供参考与指导，有助于促进教师的自我发展。

在教学过程中，教师作为教学过程的主导者，在教学中发挥着非常重要的作用，是教学评价中一个非常重要的评价主体。完善的教学评价要求作为主要评价者的教师合理安排教学评价过程、选择教学评价方法、关注学生的整个学习过程，最终实现对学生的客观评价。在对学生学习、自我或其他教师的教学过程进行的评价过程中，教师是问题的发现者，也是教学问题的反思者，通过对相关教学问题的发现、思考，反思自己的教学过程中有没有出现过类似的问题，促进教师自我教学能力的提高和教学经验的丰富，有助于促进教师的自我发展。

（3）高教学质量。教学评价的重要目的之一是提高教学水平，教学评价应为教学改革目标的实现服务。

新时期，教学改革应注重师生的共同发展，即"教学相长"。整个教学过程中对教师的"教"和学生的"学"的评价，对教师和学生的成长均能起到启发、指导作用。教学评价不仅是得出评价结论这么简单，重要的是发现教学中的问题、教学中需要改进的地方，并提出科学建议与对策，不断优化教学过程，提高教学质量和水平。

（4）完善学校教学管理。科学的教学管理能为教学活动的顺利开展和教学过程的顺利进行提供必要的保障。教学评价包括对教师教学管理的评价，如果没有良好的教学程序、教学秩序、教学环境，教学活动就不可能顺利展开。科学的教学评价能为教学过程的顺利开展提供必要的参考。

（5）提高教学科研水平。现代教学评价是一种全方面、系统性的教学评价，对于教学工作者（包括教师）来说，现代教学评价能为教学工作者发现新的研究课题提供有价值的资料。现代教学评价使教学工作者对教学中存在的普遍、热点问题的开发研究更加有据可依、有规律可循，对促进学校教学发展有重要意义。

2. 教学评价的原则

（1）客观性原则。客观性原则是指在进行教学评价时，从测量的标准和方法到评价者所持有的态度，再到最终的评价结果，都应符合客观实际。

教学评价的主体是人，难免受主观臆断或个人感情的影响。人的思想和行为受到主观臆断或个人感情的影响，因此所作出的评价具有很强的个人色彩和主观性。科学有效的教学评价所得出的结论必然是不以人的主观臆断为转移的，教学评价包括"教"与"学"两个方面的评价，对任何一个方面的评价都应做到客观，不掺杂主观情感和经验判断，评价必须客观，否则就失去了评价的必要性与意义。因此，教学评价要遵循客观性原则，具体要求如下：

1）评价标准要客观，避免随意性。

2）评价方法要客观，避免偶然性。

3）评价态度要客观，避免主观性。

（2）科学性原则。科学性是教学评价的基本原则之一，教学评价体系无论是在内容上，还是在各个部分的比例分配上，都应当科学合理。

不科学的教学评价不仅没有必要和意义，而且还会造成评价过程中人力、物力、财力等各种资源的浪费。只有科学的评价才是有意义的评价，才能为教学的改进、师生的发展提供有价值的信息。

遵循教学评价的科学性原则具体要求如下：

1）以科学理论为指导进行教学评价。

2）避免经验和直觉干扰，保证评价方法、程序的科学性。

3）教学评价中"教"与"学"两个方面的评价必须做到有机统一，并充分体现教学目标与基本要求。

4）教学评价方法应科学，评价者应掌握和灵活使用最新的、最能充分统计和概括评价结果的统计方法与测量手段，以获得真实有效的资料与数据信息。

5）评价工具应科学，评价工具的选择应符合教学评价要求，并能促进教学评价的科学开展，具有可操作性与实用价值。要对编制的评价工具进行预试、修订和筛选，达标后再付诸实践。

（3）全面性原则。教学评价应全面，否则就不能真实反映教学系统的整个过程与效果，这样的评价是没有意义的。因此，全面性原则是教学评价的一个非常重要的原则。

不全面的教学评价不能真实反映教学系统的整个过程与效果，所得出的评价结论可能给之后的教学决策提供错误指导，这样的评价甚至会阻碍教学发展。教学评价遵循全面性原则应做到以下几点：

1）坚持多角度、全方位评价。

2）综合运用多种评价方法。

3）评价应把握主次，区分轻重。

（4）可比性原则。教学评价是一种价值判断，这种价值判断是有一定的评判标准的。对比评判标准的前后内容，可得出具体的评价结果。以学生的学习评价为例，有个人（学生）的纵向对比，也有与群体中的其他个体（同学）的横向对比。

在科学的评价指标中，评价者更倾向于能看出评价对象的发展性变化的评价指标，而这种反映发展变化的评价指标多是对评价对象的纵向变化的比较，通过这种比较，来判断评价对象相比之前是否有进步。可比性评价原则的具体要求如下：

1）科学制定评价标准，注意对比的可行性与可比性。

2）注重评价对比的全面性，既要横向对比，又要纵向对比，两者应结合进行。

（5）导向性原则。为了促进教学发展和进步而进行的教学评价，应能够指导教学工作的发展方向，并能促进教学活动的开展，使教学工作及时得到改正和完善。简言之，评价应有利于评价者发现问题、促进教学改革。这就要求评价者在进行教学评价时不能就事论事，而应把评价和指导有机结合起来，要让评价对象了解自己今后的发展方向和改进措施。遵循教学评价指导性原则具体要求如下：

1）评价的基础要广泛，评价的依据要充分，避免缺乏根据的随意评价。

2）及时反馈教学评价信息，评价结果要准确，指导方向要明确。

3）评价结果应具有启发性，能给予被评价者思考与发挥的空间，促进被评价者和教学的发展。

二、面向不同对象的教学评价

（一）面向教师的"教"的评价

1. 学生评价

学生是教学活动的重要参与者，是教师"教"的对象，对教师的"教"有深刻的亲身体验，因此学生对教师的教学素养、能力、效果等最有发言权，学生是教师教学评价的重要评价者。

学生是评价者，教师的"教"是评价对象，这样的教学评价有重要参考价值。具体来说，学生作为教学对象，是教师教学的直接参与者、感受者、观察者，让学生作为评价者，能使教师收到来自学生的直接反馈，对教师改进教学过程具有非常重要的促进作用，有助于师生和谐关系的建立，有助于教师充分了解学生学习中存在的各种问题，以便及时改进。学生对教师教学的评价有多种方法，如座谈法、简单的教学评价表等。

2. 教师互评

教师互评具体是指同行的其他教师参与听课，并对授课教师的课堂教学作出评价。需要注意的是，由于是同行，可能会碍于情面或因为个人偏见影响评价的客观性。因此，在教师互评过程中要确保评价的科学性，应做到以下几点：

（1）从具体教学环节入手，将定性评价与定量评价相结合。

（2）用公认的等级和分数进行评价，力求客观、准确。

（3）避免功利性因素的干扰，采用"公开课"或"评议课"的形式实施教学评价。

（4）作为评价者的教师，应熟悉教学业务，了解当下课程标准及教学发展、改革形势。

在针对教师"教"的教学评价中，为了提高教师互评的评价效率和确保评价的客观公正，可由专家事先制定评价量表，由评价者结合教师的课堂教学表现——作出评价，然后再收集整理多个评价者的量表，进行汇总分析。

3. 教师自评

教师自评就是教师对自身教学情况进行评价。教师既是评价者，同时也是被评价者。

教师作为评价者进行自我评价具有一定的益处，因为，教师作为课堂教学活动的直接组织和实施者最清楚整个教学过程，因此能得到第一手的教学反馈资料，教学评价更加直接、快速。教师自评的具体特点和要求如下：

（1）教师应具有良好的自省能力，应在评价过程中建立内省机制。

（2）教师自评不仅包括每次教学的评价，还包括每日教学的评价、阶段教学评价和季度教学评价等。

4. 领导评价

领导评价是学校领导对教师教学的一种综合评价，是教师参与教学考核的重要内容。

学校相关领导作为教学评价者，他们对教师的教学评价属于实质性评价，对教师的职业地位、声誉、收入等具有直接的关系与影响，因此备受评价双方的重视。和其他评价类型相比，领导评价具有一定的局限性，由于一些领导并非该学科专业出身，对具体的学科教学需求、要求、标准等了解不够深入，因此教师在课堂教学中的一些特殊安排领导可能注意不到，甚至会被误解，影响教学评价结果。

（二）面向学生的"学"的评价

1. 教师评价

教师在教学活动中扮演着非常重要的角色，教师是教学活动的参与者，更是主导者。在教学过程中，学生的各种学习活动都是在教师的安排和指导下完成的，学生的完成过程、完成结果如何，教师能观察到学生学习的整个过程，同时教师对教学目标和学生学习目标的完成情况最为了解，因此针对学生的"学"，教师是有非常大的发言权的。教师对学生的评价不仅要重视学生的学习成果，还要重视学生的学习过程，具体评价内容与方法如下：

（1）教师对学生学习效果的评价。评价形式：课堂评价、学期评价、学年评价等评价形式。

评价内容：学生的学习表现、知识掌握情况、身体素质和运动能力、运动技能和技巧的发展情况等。

（2）教师对学生学习过程的评价。在教学评价中，教师对学生学习过程的评价能充分体现教学的动态性，反映学生在学习过程中的进步与发展，是一种及时性的评价。教师对学生学习过程的评价内容、方法、手段在前面已经详细介绍，这里不再赘述。

2. 学生互评

学生互评就是由同学作为评价者对其他学生的学习作出一定范围的或者综合性评价。

学生的学习需要个体努力，但在特殊学科的学习中，如物理和化学课中的学生实验、体育课中的项目配合、其他课中的小组讨论，这些都需要学生之间的密切接触与交流、合作。学生与同班级的其他同学朝夕相处，对自己身边的同学的发展和变化有更多的了解，同学的评价对个体的发展与进步具有重要的参考价值。需要特别指出的是，在学生自评和互评中，教师应给予有效的指导，指导学生正确认识和评价自己及他人的能力，保证评价的客观性、准确性。

3. 学生自评

学生自评是指学生对自身学习情况进行综合性评价，学生是评价者，也是被评价者。

学生已经具备了良好的自知、自省、自制，并具有一定的发现问题、分析问题和解决问题的能力，因此可以完成对自我学习的评价。

学生学习的自我评价包括多方面内容，虽然学生具有一定的自我认知和自省能力，但是学生的经验、知识范围、能力结构毕竟有限，因此在学生自评过程中，教师和学校工作者应给予必要的指导。在评价过程中，可由学校制定评价标准，供学生在自我学习评价时参考。

4. 家长评价

家长是孩子的监护人，也是孩子的第一任老师，对孩子的成长具有管理、监督、引导义务，对孩子的成长也应时刻关注，并注意观察、评价，找出不足，帮助孩子不断进步。

学校教学旨在促进学生发展，而家长是最关心子女的健康发展的，父母更了解也更能发现子女的成长和变化，因此在教学评价中，家长对学生的学习评价是非常重要的部分，能为学校教学提供详细的学习信息反馈及关于教学的意见和建议，有利于促进教学评价体系的完善，因此家长对学生的学习评价是一定不能忽视的。

三、科学化信息教学评价体系的构建

（一）科学信息教学评价方法的科学应用

1. 量规

量规是一种结构化的定量评价标准，从与评价目标相关的多个方面详细规定评级指标，可操作性强，评价准确。随着教育信息化的发展，越来越多的学习任务是以非客观性的方式呈现的，量规在教学评价中的应用日益得到重视。

一般来说，量规主要以表格的形式对教学评价的内容进行分类，然后对各评价内容进行等级划分，一般是定性描述的评价维度，相对应的横栏有不同等级行为（认知或技能表现）的定性描述和分值，通过定性分析，记录个人或者小组的评价分数。量规并不一定都是表格形式。

在教育信息化背景下，量规在教学评价中的应用非常广泛，可以完成对多媒体课件、教学软件应用、教学信息化设计等的评价。

2. 学习契约

学习契约又称学习合同，该评价方法来源于真正的契约或合同。

在教学信息化实践中，教师与学生（共同）设计学生契约，这是对整个教学过程的持续不断的协商过程，强调教学双方（师生）在决策中的相互关系，以及相互自我的教、学评定①。

学习契约的设计以"学"为主，以"任务驱动"和"问题解决"为学习和研究活动的主线，确定学生学习的目标、达到目标的方法、学习时间、完成活动的证据及证据标准等。

（1）学习契约的设计步骤。

1）诊断学习需要。

2）确定学习目标。

---

① 罗文浪，戴贞明，邹荣，等. 现代教育技术［M］. 北京：北京理工大学出版社，2015.

3）确定学习资源及策略。

4）确定完成学习目标的证据。

5）选定评价证据的工具及标准。

6）师生共同商讨学习契约。

7）履行学习契约。

8）评价学习活动。

（2）学习契约的实施要求。

1）说明约定学习契约的目的。

2）讲解学习契约的范例，讲明要点。

3）要求学生结合自身学习情况列出个人学习契约。

4）教师与学生沟通，修正并确认契约内容。

5）按照契约进行学习，师生共同检查学习过程与效果。

3. 电子档案袋

学生档案袋是显示有关学生学习成绩或持续进步信息的作品、评价及相关资料的汇集。电子档案袋又称电子文件夹、电子作品集等，是在信息技术环境下运用信息手段表现和展示学习者关于学习过程和学习结果的各种反馈信息的集合体。作为一种新兴的评价方式，学生档案袋满足了新课程改革的要求和需要，在许多学校广泛应用。学生档案袋的基本成分是学生作品，通过对学生作品的合理分析和解释，反映学生学习的成就，提供学生发表意见和反省作品的机会，最终促进学生发展。

相对于传统的档案袋，电子档案袋可以收集更大量和更多类型的学习证明，且在各类博客平台和云平台上都能完成制作，不仅提高了档案的制作效率，还提高了档案的使用性能，有助于教师和学生在线收集、整理材料，利用计算机信息技术对信息进行处理，使工作更加高效。此外，电子档案袋能实现档案资料的随时随地查看，将纸质档案演变为音频、视频有效提高了档案的可读性，档案内容和形式更加丰富。

4. 概念图评价

概念图由 20 世纪 60 年代美国康奈尔大学教育系诺瓦克教授等提出，最早用于数学领域，其主要是利用图表来表示概念与概念之间的关系的结构图，便于学生更清楚地掌握不同的概念与相关概念之间的关系。

概念图的绘制通常由学生自己进行，这样可以充分体现学生的思维过程。因此，教师可以通过学生所绘制的概念图来对学生进行教学评定。

在传统教学中，借助于纸、笔就可以绘制概念图，这种方法工具简单、简便易行，具有一定的优势，但是也存在不足之处，即绘制时间较长，绘制好的概念图难以保存。学生的思维会随着对知识认识的加深，对概念及其相关概念与知识的理解发生变化，这时，就需要对原有的概念图进行重新制订，这样不仅浪费了一定的教学资源，也需要花费一定的时间。

电子概念图的出现可以很好地解决纸质概念图绘制过程中存在的不易保存、不易修改等问题。目前，常用的绘制概念图的软件主要有以下几种：

（1）Inspiration 和 Kidspiration。

Inspiration 和 Kidspiration 是 Inspiration 公司开发的概念图软件。

Inspiration 界面简单、操作直观、容易上手，因此在学生中应用较为广泛。

Kidspiration 界面配色活泼、简洁，是面向低龄学生的一种概念图绘制软件，学生可以通过各种图片组合、文本组合，甚至是发音来构建和绘制概念图，可以有效帮助儿童提高识字能力。

（2）Mindmanager。Mindmanager 是一种可视化的思维管理工具，能够帮助用户有序地组织思维和资源，使头脑风暴和工作计划更加快捷有效。Mindmanager 界面直观、操作简单、容易上手、素材丰富，绘图者可以结合自身需求随意在概念图中加入图片、图表、音视频等多种元素。相较于其他概念图绘制软件，Mindmanager 最大的优势在于它可与 Microsoft 软件无缝集成，可以快速将数据导入或导出到常用办公软件（如 Microsoft Word、PowerPoint、Excel、Outlook、Visio 等）上，可方便多场合的教学活动的开展。

（二）基于大数据的学习评价

在现代信息技术快速发展的背景下，随着现代教育技术越来越趋向智能化，对学生的学习分析与评价也开始越来越多地应用现代化教学技术。在大数据背景下，相关技术可以记录学习者的日常学习行为和成果，如学生的作业点评、测验错误纠正、成绩等，课堂签到也可以通过电子信息设备来实现，将此作为数据录入教学考核，对学生进行教学评价。

1. 信息数据用于教学评价

（1）针对学生学习的评价。

1）学生的知识建模评价。通过采集学生与学习系统（如网络学习、电子书包、移动终端学习）的交互数据，包括学生应答正确率、答题时间、请求帮助的频次，错误重复率等，通过数据分析，构建学习者知识模型，通过自动或人工反馈，为学生提供有针对性的学习资料，即向学生推送合适的学习内容，实现学习的个性化设置。

2）学生的学习行为评价。传统的教学评价常常仅关注学生的学习结果，大数据背景下的学习评价可以更细致地观察到影响学习结果的各种行为。

通过数据挖掘，收集学生的学习用时、课程完成情况、课堂学习行为变化、线上或线下考试成绩等数据和信息，经过分析、对比、统计，找出学生的学习行为与学习结果的相关关系，综合评价学生的学习行为。

3）学生的形成性评价。采集学生的基本信息数据、学习相关数据，通过数据挖掘和机器学习算法，构建学生的个人学习档案，然后进行综合性形成性评价。这种评价不仅包括学生的学科学习，还包括学生的身体与心理健康发展、特长爱好、性格特征等。

（2）针对教师教课的评价。就一堂课而言，教师教学的成功与教师的教学方案设计有非常密切的关系，因此针对教师教学的评价，可以从观察和分析教师的教学设计方案入手和进行。

进行教学设计方案评价有利于促进教学设计理论的不断发展；有利于提高教学方案的完整性、科学性和合理性；有利于提高教师对教学过程整体性的再认识；有利于教师掌握教学流程和操作技术；有利于提高教学质量。教学设计方案评价主要包括教学目标、教材、学习者、学习需要、教学策略、教学过程、教学模式、课程类型、课程结构等。

任何教学技术都有能够检验自身缺陷的方法，教学设计方案属于教学技术范畴，因此教学设计方案也具有评价自身设计缺陷的方法，即教学设计缺陷分析。

针对教学设计方案的评价还应注意教学设计方案试用后的相关数据的收集与分析，应及时进行某种形式的测验（学生的学习成绩）和问卷调查（学生对教学过程的态度、看法、意见和建议），以便了解教学设计方案是否具有教育意义。通过对反馈信息进行归纳和分析，了解学生在教学过程中的实际表现和感受，对其中存在的一些问题作出相应的解释，及时调整教学设计，并形成评价报告，在评价报告后可附上评价数据概述表、采访记录、图表解析等，以便在后续教学工作中进行参考。

2. 信息技术支持教学评价的实施

（1）数据收集。教育教学信息化系统对教学评价信息数据的收集可以通过人工和智能两种方式来完成，对学生学习态度的评价，需要教师作出综合评价，并将学生的表现进行分值量化，然后输入计算机保存数据；对学生到课次数的评价可以通过电子打卡自动连接计算机系统软件进行统计。

学生的相关信息数据还包括学生的作业、小测验、练习题、实验报告等，在收集纸质资料的基础上收集学生学习的电子资料，如电子档案袋、学习日志等。数据的收集是一个复杂且烦琐的工作，可借助不同技术进行。

（2）数据分析。技术支撑教学评价收集的数据主要有两种类型：量化数据和质性数据。量化数据的处理分析较为简单，可用专业的统计分析软件（如 Excel、SPSS、SAS 等）来操作，相较于人力数据统计分析，大大提高了数据分析与处理的效率，且数据分析的结果可以用图表直观、形象地表现出来。学生考试成绩、到课率的统计工作比较复杂，往往通过人工来完成，工作量较大，可能掺杂个人主观情感，但是这一部分评价是必要的，因为关乎学生学习过程中的进步和变化。态度、情感、智力、行为表现等借助智能教学设备难以观察、分析，必须由教师亲自进行评价。在教学评价中，应将量化数据和质性数据结合起来进行综合统计分析。

（三）科学化信息教学评价体系的构建策略

1. 建立科学评价指标

教学评价是一个复杂的系统和过程，从系统论的角度来看，教学目标应具有科学性、简便性与可操作性，必须简明、科学，操作性强，以便于教学评价工作的顺利开展。这是新时期教学改革对教学评价工作的发展与完善的客观要求。现阶段，科学建立评价指标应做好以下几点：

（1）在拟定教学评价指标时，要认真分析，逐级分解评价指标，以评价内容的内在逻辑结构为依据，分层次分解教学评价体系的各指标要素。

（2）在筛选已拟定的指标时，以个人或集体的经验为依据，对评价指标的重要性进行科学、正确的衡量，对指标分量加以权衡，在科学评价理论的指导下选择最佳评价指标。

（3）在教学评价实践过程中，观察教学评价标准是否科学、合理，不断对教学评价指标进行调整、优化，做到科学评价。

2. 完善教学评价体系

要实施科学教学评价，确保教学评价客观并具有切实的参考价值，必须建立完善的教学评价体系，这是教学评价体系自身发展的需要，也是新时期教学改革发展的需要。完善的教学评价体系的构建需要从教学评价体系的构成要素各方面入手，坚持科学的评价原则。鉴于教学中教师与学生的重要地位，教学评价体系的完善应重点做好以下工作：

（1）明确教学评价的重要内容，教学评价应包括教师的"教"与学生的"学"的评价，分别建立和完善的教师教学评价体系和学生学习评价体系。

（2）科学选择教学评价方法。

（3）综合运用多种教学评价方法，以实现不同教学评价方法的互补，使教学评价更加科学、全面。

3. 健全评价反馈机制

在现代教育发展新时期，健全评价反馈和保障机制，对教学评价有重要的规范和引导作用。信息反馈对教学过程的改进与完善具有重要的作用，对于教学评价来说也是如此，健全的评价反馈机制有助于评价者和被评价者发现评价过程中的各种问题，从而提出建设性的改进意见，促进教学评价的完善。

（1）学校领导和相关部门应善于深入教学评价实践，总结经验，广泛调取师生意见和建议，及时收集和整理评价信息，并确保评价信息的客观、真实性。

（2）教学是一个复杂系统，受多种因素的影响，科学的教学评价应尽量避免所有的干扰信息，在教学评价反馈机制建立的基础上，还应建立完善的评价监督机制，以便引导、规范教学评价中各参与者的各项工作，避免利益、人情干扰。

（3）及时对信息技术应用软件进行维护、升级，避免出现技术漏洞，防止一些数据出现错误或者被人为修改，确保信息数据的准确无误和评价的真实有效。

第二节 高校高等教育教学信息安全

现代教学信息化运用现代化信息技术，对教与学的过程和教学资源的设计、开发、利用、管理、评价等工作进行大数据操作，所有的操作过程和操作过程中所涉及的各种资源都可以通过信息技术实现远程共享，在方便教学的同时，也埋下了信息安全隐患。因此，为了更好地利用教学信息，发挥信息技术在教学发展中的推动作用，必须重视教学信息安全问题，本章主要对教学信息安全的相关问题进行探讨、分析。

一、信息安全的理论基础

（一）信息安全的内涵与社会环境

1. 信息安全的内涵

信息安全是指信息网络的硬件、软件及其系统数据都受到保护，不被破坏、更改、泄露，信息传输的整个过程正常进行，信息服务不会中断。信息安全的根本目的是使内部信息不受外部威胁。

信息安全包括五个方面的内容。

（1）保证信息的保密性。

（2）保证信息的真实性。

（3）保证信息的完整性。

（4）保证信息的未授权复制。

（5）保证信息所寄生系统的安全性。

2. 信息安全的社会环境

我国的信息技术起步晚，但发展速度快，在现阶段取得了一定的成就。随着信息技术的不断发展，信息安全问题日益受到重视。新时期，我国强调信息化建设，并指出了做好信息安全工作的重要性。

近几年，是我国信息技术发展最快的几年，国家领导人对国家和社会各领域的信息安全问题提出了许多具有建设性的意见和建议。关注信息安全已经成为各领域应用信息技术的一个重要内容。

（二）国内外信息安全标准化组织

1. 国际组织

（1）ISO/IEC JTC1。ISO/IECJTCI 是信息技术标准化委员会的简称，隶属于 SC27（安全技术分委员会），前身是 SC20（数据加密技术分委员会）。ISO/IEC JTC1 负责制定的标准主要包括开放系统互连、密钥管理、数字签名、安全评估等方面。

（2）IEC。IEC（国际电工委员会）与 ISO（国际标准化组织）联合成立

JTC1（联合技术委员会），同时还在电信、信息技术和电磁兼容等领域成立技术委员会，并制定相关国际标准。

（3）ITU SGI7 组。ITU SGI7 组负责研究网络安全标准，内容涉及通信安全、安全架构、计算安全、安全管理、安全生物测定、安全通信服务等方面。

（4）IETF。IETF（Internet 工程任务组）分成八个工作组，分别负责 Internet 路由、传输、应用等领域，同时还制订了电子邮件、网络认证、网络密码等方面的安全标准。

2. 国内组织

（1）全国信息安全标准化技术委员会（TC260）。TC260 成立于 2002 年 4 月，是我国从事信息技术安全标准化工作的技术工作组织，主要任务是向国家标准化管理委员会提出方针、政策和技术措施方面的建议。

TC260 下设六个工作组，各组负责不同领域的信息安全，具体如下：

1）信息安全标准体系与协调工作组（WG1）。

2）涉密信息系统标准工作组（WG2）。

3）密码工作组（WG3）。

4）鉴别与授权工作组（WG4）。

5）信息安全评估工作组（WG5）。

6）信息安全管理工作组（WG6）。

（2）网络与信息安全技术工作委员会。网络与信息安全技术工作委员会成立于 2003 年 12 月，主要负责研究通信安全技术和管理标准，具体涉及以下领域。

1）面向公众服务的互联网网络与信息安全标准。

2）电信网与互联网结合的网络与信息安全标准。

3）特殊通信领域的网络与信息安全标准。

网络与信息安全技术工作委员会共设有以下几个工作组：

1）有线网络安全工作组（WG1）。

2）无线网络安全工作组（WG2）。

3）安全管理工作组（WG3）。

4）安全基础设施工作组（WG4）。

我国信息安全标准化工作是从学习国际标准化工作开始的。在信息安全工作持续开展的过程中，我国先后发布几十项信息安全标准，目前我国的信息安全标准体系已经初步成熟。

（三）我国信息安全标准及认证

1. 信息安全技术标准

我国信息安全技术标准体系共有 12 类①，具体如下：

（1）《计算机信息系统安全保护等级划分准则》。

（2）《信息安全技术　信息安全风险评估方法》。

（3）《信息安全技术　信息系统安全等级保护基本要求》。

（4）《信息安全技术　信息系统通用安全技术要求》。

（5）《信息安全技术　信息系统安全管理要求》。

（6）《信息技术安全技术　信息安全事件管理指南》。

（7）《信息安全技术　信息安全事件分类分级指南》。

（8）《信息安全技术　信息系统灾难恢复规范》。

（9）《信息安全技术　信息系统安全等级保护实施指南》。

（10）《信息安全技术　信息系统安全等级保护定级指南》。

（11）《信息安全技术　信息系统等级保护安全设计技术要求》。

（12）《信息安全技术　信息系统物理安全技术要求》。

2. 信息安全认证

《中华人民共和国认证认可条例》中的"认证"是指由认证机构证明产品、服务、管理体系符合相关技术规范、相关技术规范的强制要求或者标准的合格评定活动。

"认证"的对象有三类：产品、服务、管理体系。结合认知对象划分，信息

---

① 何荣杰．现代教育技术［M］．北京：北京邮电大学出版社，2014.

安全领域的认证工作同样有三类：信息安全产品认证、信息安全服务资质认证、信息安全管理体系认证。

3. 信息安全产品认证

为了建立我国的信息安全认证体系，国家相关部门确立了信息安全产品认证，专门负责全国各种信息安全产品的认证标准的办法、相关检测收费标准、认证技术标准、认证规范等的制订和颁发。

4. 信息安全服务资质认证

信息化发展的速度是非常快的，任何组织和政府在信息化的发展过程中都要注意信息安全问题，信息安全与信息发展是同步发展促进的，随着我国信息化和信息安全的持续发展，信息安全服务与管理工作成为确保信息安全管理的重要工作。为了促进我国信息服务工作的开展，我国推出信息安全服务资质认证，鼓励并指导相关信息安全服务工作的开展。信息安全服务资质认证的主要工作内容如下：

（1）信息安全应急处理服务资质认证。

（2）信息安全风险评估服务资质认证。

（3）信息系统安全集成服务资质认证。

5. 信息安全管理体系认证

信息安全管理体系认证（ISMS）是国家信息安全管理工作进入新阶段的一个重要标志，其是在完成和推动 ISO/IEC27000 标准的应用和转化的基础上建立起来的，推动了我国各项国家安全标准的开展与实施。

6. 信息技术服务管理体系认证

信息技术服务管理体系认证（ITSM）主要对组织交付 IT 服务能力进行评价，这是新时期更进一步实现 IT 信息快速发展过程中推行的信息安全管理服务工作。目前，我国各类组织建立、实施 IT 服务管理体系的需求较大，这表明了我国 IT 产业的快速发展程度，也表明了我国信息安全服务管理工作的必要性和重要性。做好信息技术服务管理体系认证工作，有助于我国信息产业的科学、安全发展。

（四）信息安全人员资格认证

通过注册信息安全专业人员资格考试的人员是我国信息安全领域具有最高资质的人员，他们是信息安全的专业岗位人员，其专业资质和能力由中国信息安全产品测评认证中心认证。注册信息安全专业人员主要负责国家信息系统的安全技术障碍排除，确保我国信息发展通畅，确保各项信息安全工作顺利开展。具体来说，我国信息安全专业人员的主要从业机构有：信息安全相关企业，信息安全咨询服务机构，信息安全测评认证机构（包含授权测评机构），信息系统（网络）建设、运行和应用管理的相关社会各组织、团体、企事业单位。

（五）信息安全法律法规

1. 国际信息安全法律法规

在国际范围内，许多国家和地区都非常重视本国和本地区信息安全工作的开展，尤其是经济高度发展的国家和地区，其信息技术的发展速度非常快，信息安全问题更受到了各国家和地区政府机构的重视。对信息安全相关法律法规的制定越重视，信息安全相关法律法规体系的内容越丰富，体系越健全。

从国际信息安全受到广泛重视开始，各个国家和地区就开始结合本国和本地区实际进行信息安全立法。随着信息全球化的不断发展，信息安全问题越来越受到国际范围内的广泛关注，在全球范围内构建一个安全的信息环境是推动全球信息技术健康、可持续发展的重要工作，这也是各国都注重建立相关法律法规和政策的一个重要原因。

2. 国内信息安全法律法规

我国是一个法治国家，重视立法和依法治国，《中华人民共和国宪法》是我国的根本法，其他一切法律法规的制定都应在遵循宪法的基础上进行。20世纪70年代以来，我国的信息技术发展快速，我国在信息及信息安全立法方面取得了积极成就，通过制订一系列法律法规，我国的信息安全法律体系不断完善与健全。

二、信息犯罪

（一）计算机犯罪与信息犯罪

1. 计算机犯罪

计算机犯罪是指行为人利用计算机实施危害计算机信息系统安全和其他严重危害社会的犯罪行为。计算机犯罪行为有以下两种形式：

（1）以计算机为犯罪工具而进行的犯罪。如利用计算机进行诈骗、盗窃、贪污等。

（2）以计算机为破坏对象而实施的犯罪，如非法侵入计算机系统。

2. 信息犯罪

信息犯罪是围绕信息（包括计算机信息）展开的犯罪行为。信息犯罪是计算机犯罪的延伸，信息安全不再是单纯的技术问题，而是管理、技术、范例等结合的产物。

本书所说的信息犯罪，主要是指计算机信息犯罪，是针对计算机所承载的本地信息和网络信息实施的信息犯罪。

（二）计算机信息犯罪的特征

1. 智能性

计算机信息犯罪的技术和专业性，决定了计算机信息犯罪的智能性。计算机信息技术是现代信息技术高速发展的一个重要代表，无论是将计算机作为工具还是直接入侵计算机系统实施信息犯罪，都需要对计算机智能化操作系统有一定的了解，这就决定了计算机信息犯罪行为具有智能性的特点。

2. 隐蔽性

计算机信息犯罪及计算机网络犯罪的犯罪现场是在虚拟的信息环境中，作案痕迹不易被发现和搜集，因此这种犯罪行为更具隐蔽性。

通常来说，个体或组织实施计算机信息犯罪会通过技术手段，如木马等后门程序，秘密进入计算机信息系统，将他人的信息或财产转移。同时，还可以通过技术手段将操作痕迹和历史记录删除，这极大地降低了信息犯罪的发现率和破案率。计算机信息犯罪的高智能性导致计算机信息犯罪的侦查与取证相对比较困难，计算机信息犯罪的证据特殊，主要是一些数字、图片及文字信息，信息可加密、隐藏、销毁，不方便提取。相关调查显示，发达国家的计算机信息犯罪仅有5%~10%被发现，破获率只有1%。

3. 复杂性

计算机信息犯罪具有复杂性，这与其上述几个特点有着非常密切的联系，同时也与计算机信息所服务的多样化主体和对象密切相关。

一方面，计算机信息技术的智能化和隐蔽性操作使计算机信息犯罪行为的实施非常复杂，对计算机信息犯罪行为的侦查也同样复杂。另一方面，计算机服务的主体和对象群体十分复杂，而且网络覆盖面广泛，任何来自不同国家、民族、地区的人只要通过某一个计算机终端连接网络，通过发布各种信息就可能诱导受害人阅读、下载、传播信息，实施色情、赌博或者商务犯罪，或者直接伪造支付账户信息侵害受害人的个人财产安全。计算机犯罪对象的复杂性使犯罪者能对各种各样的对象实施各种各样的信息犯罪行为。

4. 国际性

当今社会已经进入信息化时代，在世界范围内获取各地信息的速度大大加快，互联网信息技术与卫星技术的相互促进发展，使各地可以实现信息的实时传播，如今各种网络直播使各地人们能第一时间了解到其他地方所发生的事件。信息传播的范围广，已经可以遍布世界各个角落，而且信息传播速度惊人，计算机信息犯罪分子正是通过网络的快速、便捷交流进行非法的跨地区、跨国界的犯罪行为的。

5. 危害大

信息安全关乎国家安全，计算机信息犯罪可能造成非常大的社会危害，而且这种危害可能是跨越地区和国家的。随着现代计算机信息技术的不断发展，信息犯罪已经渗透到了各个领域，包括信用卡密码盗窃、个人隐私传播，甚至国家商业、军事机密的入侵和传播泄露等。一个国家和地区对计算机信息越依赖，就越能充分认识到信息安全问题所产生的巨大社会危害。

（三）计算机信息犯罪的类型

1. 破坏计算机信息系统罪

破坏计算机系统是指利用各种技术手段破坏计算机系统内部数据，导致信息系统和信息资源被破坏的行为。我国刑法规定以下行为构成破坏计算机信息系统罪。

（1）违反国家规定，对计算机信息系统功能进行删除、修改、增加、干扰，造成计算机信息系统不能正常运行的行为。

（2）违反国家规定，对计算机信息系统中存储、处理或者传输的数据和应用程序进行删除、修改、增加的操作，后果严重的行为。

（3）故意制作、传播计算机病毒等破坏性程序的行为。

2. 非法侵入计算机信息系统罪

非法侵入计算机信息系统指自然人或者单位违反国家规定，侵入国家事务、国防建设、尖端科学技术领域的计算机信息系统的行为。一般来说，非法获取计算机信息有两种目的，其一是窃取信息谋求非法利益；其二是满足个人好奇心。非法侵入计算机信息系统可造成重要数据和文件流失，即便是出于个人好奇，也可能被犯罪分子利用，造成严重的名誉、经济、政治损失。

3. 窃用计算机服务犯罪

窃用计算机服务犯罪指无权使用计算机系统者擅自使用，或者信息系统的合法用户在规定的时间以外、超越权限使用计算机信息系统的行为，具体包括以下几种情况：

（1）擅自使用权限获取利益。通过窃取他人的用户名、账号、密码来获取使用权和经济利益。例如，通过获得他人账号和密码，或者利用系统漏洞创建虚拟账号和密码进入计算机信息系统，享受免费的服务和免费购买商品。

（2）未经授权使用他人账户进行消费。通过技术性操作，借助程序的运行使信息系统的用户在不知情的情况下进行订购行为。例如，一些非法组织将特定程序放在网页中，当用户浏览网页时自动在后台下载或者运行非法程序，使用户在不知情的情况下进行消费。

（3）通过非法手段窃用他人服务。一些网络犯罪分子为个人使用便利，通过在公共线路上架线或盗接他人服务端，享受免费上网、通信服务，这种行为在现实生活中的发生率较高。

（四）计算机信息犯罪的构成

1. 计算机信息犯罪的主体

我国刑法中的犯罪主体，指达到法定刑事责任年龄，具有刑事责任能力，实施危害社会行为的自然人和单位。计算机信息犯罪中的犯罪主体有以下两类：

（1）计算机信息犯罪的一般主体，指间接使用（指使、操纵他人）计算机实施犯罪行为，达到法定责任年龄，且能承担刑事责任的人。此类信息犯罪的主体不一定具有计算机知识和技术。

（2）计算机信息犯罪的特殊主体，指计算机信息犯罪人具有较丰富的计算机知识和较强的计算机技术。

2. 计算机信息犯罪的客体

我国刑法中的犯罪客体，指刑事法律所保护而为犯罪行为所侵害的社会关系。计算机信息犯罪的客体具有复杂性。

与普通犯罪客体不同，计算机信息犯罪具有智能性、隐蔽性、复杂性等特点，犯罪覆盖面广、危害大，犯罪客体多样，在计算机信息犯罪过程中，计算机系统的所有人、计算机系统的使用者（用户）、计算机系统数据所涉及的第三方等，都有可能受到侵害，这体现了计算机信息犯罪客体的复杂性、多样性。

3. 计算机信息犯罪的主观方面

刑法中犯罪主观方面是指行为人对自己实施的犯罪及犯罪结果的心理心态。对于具体的犯罪后果，犯罪主体可能是"故意"或"过失"导致的。与普通犯罪不同，计算机信息犯罪的"故意"表现在行为人明知其行为会对计算机系统内部信息造成破坏，但是行为人由于各种动机而希望或是放任这种危害后果。在犯罪行为实施过程中，信息犯罪分子不需要明确预见犯罪的后果是什么，危害有多大，虽然主观上没有"故意或希望"犯罪结果的发生，但是由于信息犯罪的影响之大、之广、之深，故都认定是"故意"行为。

4. 计算机信息犯罪的客观方面

刑法犯罪客观方面是指刑法规定的，说明行为对刑法所保护的社会关系造成侵害的客观外在事实特征。计算机信息犯罪的客观方面是指刑法规定的，犯罪活动表现在外部的各种事实，具体表现为以下两种：

（1）作为，违反有关计算机网络管理法律法规，侵犯国家计算机系统，破坏系统功能、数据和程序的行为，或通过破坏信息系统非法转移财物，窃取机密的行为。

（2）不作为，行为人担负有排除计算机系统危险的义务，但拒不履行，致使危害结果发生的行为。

（五）计算机信息犯罪的防范措施

1. 完善法律制度，增强法律震慑力

计算机信息技术作为一项比较新的技术，其发展的时间并不长，但计算机信息技术的应用非常广泛，在全世界范围内的各国家和地区、领域与行业内都得到了广泛深入的应用。短时间内的广泛应用使计算机信息技术使用的合理性备受关注，为了确保各主体在充分享受计算机信息服务的同时免受侵害，各国和地区都非常重视计算机信息相关法律法规的制订与完善。

在我国，计算机信息技术起步晚、发展快，在计算机信息技术立法方面，我国缺乏一定的经验，在法律法规方面还有许多考虑不全面的地方。尽管我国关于计算机信息犯罪的法律制度和规范内容较多、范围较广，但是仍有很多不能预料和坚决杜绝的计算机信息犯罪行为发生。这就需要在当前已经颁布和实施的计算机信息安全相关法律法规持续推进落实的基础上，进一步完善我国信息安全法律制度，增强法律法规对计算机信息犯罪的威慑力，切实保障计算机信息用户的使用安全和合法权益。

2. 建立信息监控制度，加强执法力度

要想从根本上避免计算机信息犯罪行为的发生，必须充分了解计算机信息犯罪的技术操作原理和流程，加强对计算机犯罪分子的网络信息行为监督，在其犯罪的准备阶段和信息犯罪过程中就提早发现，尽早制止。这需要加强信息网络安全技术人员的培养，不断加强执法人员的计算机知识和技术学习，使其能监管和杜绝黑客的网上交流与经验共享，从技术层面杜绝信息犯罪。

3. 加强信息教育，制订信息安全标准

信息安全应该受到全社会的重视，为了避免和减少计算机信息犯罪，应在整个社会加强普法教育和信息安全教育，并在国际、国内都形成具有一定规模的信息安全标准体系，使信息安全在各个方面都有据可依。需要特别提出的是，由于青少年的思想意识还不成熟，好奇心强，容易被鼓动，因此应该加强对青少年的信息安全教育，从多个层面加强青少年普法教育工作，营造良好的社会环境，引导青少年科学学习计算机信息技术，充分认识网络信息安全的重要性和非法行为的严重后果，预防和杜绝青少年陷入信息犯罪陷阱和实施信息犯罪。

此外，由于老年人接受新事物的能力比较弱，且计算机信息犯罪具有智能化、复杂性的特点，因此为营造良好的社会信息安全环境，应加强对老年人的信息安全社会性普法教育，帮助老年人提高警惕，识别不法行为，避免上当受骗。

三、信息道德教育

（一）信息道德的内涵

"道"原指"人走的路"，"道"有"约定俗成"之意，又可引申为"事物运动、变化的规则、规律"。"德"是对"道"的认识、实践后有所得。西周初期的大盂鼎铭文的"德"，即包含了"按照当时规范行事而有所得"的意思。"道德"发展到现在，是一种信念，是用于调整人与人、人与社会之间关系的一种规范。"信息道德"是关于信息方面的"规范、规则"，是社会公德、职业道德、家庭美德的重要组成部分，具体包括以下内容①：

（1）在信息传递方面，真实、准确、及时，勿传虚假信息。

（2）在信息交流方面，以诚相待，实现信息互补和共享。

（3）在信息生产方面，坚决制止坏产品的生产、进口和流传。

---

① 何荣杰. 现代教育技术［M］. 北京：北京邮电大学出版社，2014.

（4）在信息咨询方面，认真负责，不能以虚假信息哄骗人。

（5）在信息消费方面，尽量满足人们求知、求新、求真、求快的心理需要。

（6）在信息沟通方面，平等待人，反对自私动机和恩赐观点。

（7）在信息开发方面，合法合理，争取最佳效益。

（8）在信息利用方面，民主公平，反对信息垄断、封锁和独占。

（9）在信息广告方面，真实可信，不蒙骗、误导、伤害受众。

（10）在信息发送方面，不损害国家、社会、集体的利益与其他公民合法的自由和权利。

（二）信息道德教育的内容

针对在校生的信息道德教育，应从社会信息道德要求出发，结合教育目标，建立健全学校信息道德教育内容体系。

当前，针对学生的信息道德教育主要包括以下内容：

（1）认识信息技术与社会发展的关系，培养学生的人文素质，为集体、祖国与人类社会造福。

（2）了解与信息活动有关的法律法规，遵守信息法律法规。

（3）明辨是非，使学生自觉抵制垃圾信息、黄色信息、反动信息、封建迷信等不良信息。

（4）批评与抵制不道德的信息行为。

（5）保护自己的信息安全，同时不侵犯他人信息，不损害他人利益。

（6）不随意发布信息，不误传、不造谣、不传谣。

（7）认识信息共享的重要性，学会与人共事，培养合作意识。

（8）培养良好的信息道德认识和行为习惯，倡导道德自律。

（三）学生良好信息道德的培养

1. 创设情境，深化学生的信息道德认知

在信息道德教育中，教师应注意创设的特定教学情境，让学生在教学情境中切实感受到信息道德的重要性，不断深化学生的信息道德认知。在实际的教学实践中，教师不仅要重视正面的信息道德情境与实例的创设与列举，让学生认识到信息道德的重要性，同时也要善于反面举证与传教，让学生认识到不良信息道德行为可能引发的严重后果。具体来说，教师可以通过制作与信息道德有关的多媒体课件，拍摄一些有助于信息道德培养的视频或其他音像教材，通过计算机模拟或利用计算机网络的虚拟功能，图像显示及音频、视频功能和多媒体交互功能，让学生在信息道德环境中选择、评价各种信息道德行为，促进信息道德的深入认知。

2. 注重交流，加强信息道德情感沟通

教学是师生互动的过程，信息道德教学也不例外。在信息道德教育教学过程中，教师应注重与学生的广泛交流，在创设良好教学环境的基础上，以情感为着眼点，通过加强师生之间的交流，优化课堂心理气氛，构建和谐的信息道德培养环境。使学生在轻松、愉快、深入浅出的教学环境中达到情感和认知的统一，真正体会到信息道德在真诚、民主、平等基础上的信息互动与信息共享。

3. 科学引导，增强学生信息道德意志

道德习惯的培养是一个长期过程，尤其是青少年学生的信息道德培养过程。青少年学生本身的意志力较弱，所处的信息环境中还面临着各种诱惑，如网络游戏、网上交友等，这就要求在信息道德教育教学中，教师应加强学生的信息道德理论认知，重视理论引导，让学生树立信息道德观、是非观，明白如何在信息环境中辨别信息、正确地运用各种信息，避免被不良信息影响、干扰、误导。

4. 教育协作，培养学生的良好信息道德习惯

信息道德教育不应局限于学校课堂教育，信息在现代社会中无处不在，信息道德教育也应在学生的学习、生活及未来工作的各个方面都有所涉及。因此，加强整个社会层面的教育协作，构建立体化、多层次的教育体系，有助于学生良好信息道德习惯的尽快培养。当前，要实现立体化、多层次的信息道德教育体系建设，应注意做好以下几个方面的工作：

（1）创建学校、家庭、社会三位一体的信息道德教育网络。

（2）将信息道德与普通德育课程有机结合起来。

（3）教师为人师表、以身作则，应树立模范带头作用，以自身良好的信息道德来影响学生。

第六章　人工智能与现代高校高等教育信息化融合创新发展

　　大数据应用方兴未艾，人工智能已悄然而至。人工智能已逐渐渗透到社会的各个领域，引起了经济结构、社会生活和工作方式的深刻变革，并重塑了世界经济发展格局。我国政府于 2017 年 7 月 8 日发布了《新一代人工智能发展规划》，指明了我国发展人工智能的重点任务，这是我国抢占信息化制高点，增加国际话语权的重要战略举措。在此背景下，研究如何应用人工智能技术推动教育事业发展具有重要意义。教育技术领域已经涌现出一批相关研究，集中表现为人工智能内涵、技术与应用等内容的概述。这些研究为后续的研究奠定了基础。人工智能发展到今天，其原因何在？教育领域中的人工智能有何不同？这些问题驱动着对相关人员人工智能的进一步深入研究。因此，有必要回顾人工智能的产生与发展历程，立足于人工智能技术在教育领域中的应用现状，剖析其在教育应用中的典型特征，把握其未来发展趋势，为推动我国人工智能与教育的融合创新发展提供理论指导。

第一节　人工智能在现代高等教育中的应用现状

人工智能作为一个领域，在过去的数十年里经历了许多起伏。它被誉为下一次技术革命的前沿，也被视为令人恐惧的对象，因为它被认为具有超越人类智慧的潜力。大多数科学家都认为，我们正处于开发人工智能的初期阶段。在早期，研究人员的目标是构建能够展现人类智慧的复杂机器，这个概念我们现在称之为"一般智能"，虽然它在电影和科幻中是一个流行的概念，但我们距离真实的发展还有很长的路要走。人工智能的专业应用允许我们使用图像分类和面部识别，这些通常利用多种算法向最终用户提供，大致可分为人工智能、机器学习、深度学习等技术。人工智能是最早出现的，也是最大、最外侧的同心圆；其次是机器学习，稍晚一点；最内侧是深度学习，是当今人工智能大爆炸的核心驱动力。

一、人工智能概述

机器学习通常是在人工智能技术下聚合起来的实践的一个子集。这个术语最初用来描述利用算法分析数据的过程，建立可以从中学习的模型，并最终使用这些学习参数进行预测。它包含各种策略，具体有决策树、聚类、回归和贝叶斯方法，这些方法并没有完全达到"一般智能"的最终目标。虽然它最初是人工智能的一小部分，但新兴的兴趣促使机器学习成为研究的前沿，现在它已被跨领域使用。越来越多的硬件支持及算法的改进，特别是模式识别，使机器学习可以被更多的用户访问，从而使其得到更广泛的采用。最初，机器学习的主要应用范围仅限于计算机视觉和模式识别领域。这是在过去享有的巨大成功。当时，机器学习仅限于教育和学术界。今天我们甚至不知道我们在日常活动中对机器学习的依赖程度。Google 的搜索小组试图用名为 RankBrain（谷歌的一款人工智能算法系统）的改进机器学习算法替换 PageRank（网页排名）算法。

人工智能这一术语在达特茅斯会议（1956）的定义如下："通过计算机程序实现智能行为的一种技术。"狭义的人工智能专门针对特定的任务，人工智能可以模拟人类的思维，超智能 AI，这意味着 AI 完全超越人类智能。机器学习是人工智能的一个子集，它需要从数据中学习，以便在稍后做出明智的决定，使人工智能适用于广泛的领域。机器学习允许系统在学习之后做出自己的决定，将系统训练到目标。现在已经出现了许多工具，可以让更多的用户访问机器学习算法的强大功能，包括 Python（一种计算机程序设计语言）、Scikit-Learn（一种机器学习算法）、ApacheSpark（专为大规模数据处理而设计的快速通用的计算引擎）、MLib（机器学习库）、RapidMiner（世界领先的数据挖掘解决方案），等等。人工智能的另一个分支和子集是深度学习，它利用深层神经网络的力量，训练大型数据集上的模型，并在图像、面部和语音识别等领域做出准确的预测。训练时间和计算错误之间的低权衡使许多企业将其核心实践转换为深度学习，或将这些算法集成到它们的系统中，这是一个有利可图的选择。

人工神经网络是一种关键的机器学习方法。当改进的处理能力变得可用时，最终会得到广泛的认可。神经网络以分层的方式模拟大脑神经元的活动，与数据的传播方式类似，使机器能够更多地了解给定的一组观测结果，并做出准确的预测。神经网络已经被证明它们在处理大量数据和提高机器学习的实际应用中具有特殊潜力。这些模型的准确性能够保证为最终用户提供可靠的服务，因为误报已经几乎完全消除。

由于深度学习能够从数百万个观测数据中一次学习，因此深度学习具有大规模的业务应用特征。虽然计算密集，但它仍然是首选的替代品，因为它具有无与伦比的准确性。许多图像识别应用程序传统上依赖于计算机视觉实践，例如，自主车辆和推荐系统（如网飞和亚马逊使用的系统）是深度学习算法流行的应用之一。

人工智能、机器学习和深度学习的应用程序有非常模糊的界限。但是，由于范围是划分的，因此可以识别特定应用程序属于哪个子集。通常情况下，我们将个人助理和其他形式的机器人归类为人工智能，因为这些机器人具有多样的性能，所以可以辅助专门任务（包括搜索功能）的应用，可以实现过滤短名单，语音识别和文本到语音转换绑定到一个代理。将类似于大型数据分析和数据挖掘、模式识别等的实践归入机器学习算法的范围。通常，这些都涉及从数据中"学习"的系统，并将其应用于专门的任务。小众类别的应用程序包含大量的文本或基于图像的数据，用于训练图形处理单元的模型，包括使用深度学习算法。这些通常包括用途更广泛的专业图像和视频识别任务，如自动驾驶和导航。

人工智能在教育上的应用一直是我们研究的重点和难点，在未来的日子里，希望人工智能能在教育方面迎来更多的变革和创新。人工智能在教育领域比较引人关注的研究方向有以下四个：

一是基于人工的认知诊断方向，诊断学生的知识掌握状态，之后就可以有意识地辅助学生学习弱项，也可以帮助老师和家长、学生自己实时查看学习情况，提高学习效率。

二是基于 AI 的自动解题，如高考机器人（微软和腾讯等都在积极拓展该领域），这方面国外的 Wolfram Alpha（计算知识引擎，一款软件）做得很不错。这方面的拓展能够帮助教师解题判卷，减轻老师们批改大量作业的负担，同时也能统计学生的做题情况，在线生成学生的错题集等。

三是数学公式符号识别。长远来看，可以开发图文加公式符号的混合识别功能，研究高精度的仪器，能识别出学生手写的解题内容和公式图表，这可以为全学习过程的在线化提供莫大的帮助，有效地上传学生的学习过程，可以为以后学生的学习情况诊断和知识的查缺补漏提供重要的数据支持。学生做的题目及其解题过程都可以记录在案，分析学生的解题过程，发现学生欠缺的知识点。

四是各个学科知识图谱的建立，拿理综来说，物理、化学、生物在各个年级所涉及的知识点不同，其相互关系的建立需要耗费专业教师大量的时间。这些工作无穷无尽且效率低下，耗资巨大且准确率不高。所以，研究如何结合人工智能技术来拓展教育方面的知识图谱是大有必要的。智能化地建立教育知识图谱对提高诊断学生知识能力的水平具有重要作用。

二、人工智能的发展历程与核心驱动力

（一）人工智能的三次浪潮

人工智能起源于 1956 年在美国达特茅斯学院举办的夏季学术研讨会。在这次会议上，"人工智能"这一术语首次正式出现。之后，人工智能的先驱图灵提出了著名的"图灵测试"：在人机分隔的情况下进行测试，如果有超过 30% 的测试者不能确定被测试的是人还是机器，那么这台机器就通过了测试，并被认为具有人工智能。图灵测试掀起了人工智能的第一轮浪潮。人工智能研究方法以抽象符号为基础，基于逻辑推理的符号主义方法盛行，其突出表现为：人机交互过程中数学证明、知识推理和专家系统等形式化方法的应用。在计算机诞生的早期，有限的运算速度严重制约了人工智能的发展。

20 世纪 80 年代，人工智能再次兴起。传统的符号主义发展缓慢，有研究者大胆尝试基于概率统计模型的新方法，在语音识别、机器翻译方面取得了明显进展，人工神经网络在模式识别等领域初露端倪。但是这一时期的人工智能受限于数据量与测试环境，尚处于学术研究和实验室中，不具备普遍意义上的实用价值。

人工智能的第三次浪潮缘起于 2006 年欣顿等提出的深度学习技术。如今，人工智能已由实验室走向市场，无人驾驶、智能助理、搜索引擎、机器人等应用已经走进现实生活。因此，2017 年也被称为"人工智能产业化元年"。

（二）人工智能的三大要素与核心驱动力

回顾人工智能的发展历程，在三次浪潮的浮浮沉沉中，人工智能不断突破并接近自身的目标：能够根据对环境的感知，做出合理的行动，从而获得最大收益。从人工智能的发展历程来看，运算力、数据量和算法模型是人工智能的三大要素。人工智能具体应用的实现，如语音识别和图像识别等，需要先赋予机器一定的推理能力，然后它才能做出合理的行动。这种推理能力源自大量的应用场景数据集。通过使用大量的数据对算法模型进行一定的训练，机器能够根据算法做出具有类人智能的判断、决策和行为。

人工智能在逐步发展和完善自身理论与方法，并在寻求外部动力的过程中螺旋式上升发展。从图灵测试到无人驾驶汽车自动行驶，从实验室的"封闭世界"到外部"开放世界"的安全过渡，大数据、云计算和深度学习这三大核心驱动力，共同促成了人工智能的突破性进展。

1. 大数据

人工智能建立于海量优质的应用场景数据基础之上。训练数据的数量、规模和质量尤为重要，丰富的海量数据集是算法模型训练的前提。甚至有观点认为，拥有海量的数据比拥有更好的算法更重要。受益于移动互联网的发展和多样化智能终端的普及，以及物联网的发展和传感器的大量应用，源自各种设备及互联网应用的数据急剧增加，大数据迅速发展。大数据处理技术能在很大程度上提高人工智能训练数据集的质量，并能优化存储和管理标注后的数据。因此，可以说，海量数据是机器智能的源泉，大数据有力地助推了机器学习等技术的进步，在智能服务的应用中释放出无限潜力。

2. 云计算

在人工智能的发展过程中，有限的运算能力曾是制约人工智能发展的主要瓶颈。从电子计算机出现至今，机器的运算处理能力不断提升，为人工智能的发展提供了极大的动力支持。云计算在虚拟化、动态和易扩展的资源管理方面的优势，GPU 等人工智能专用芯片的出现，奠定了人工智能大规模、高性能并行运算的软硬件基础，推动数据处理规模和运算速度指数级增长，极大地提高了算法执行效率和识别准确率。

3. 深度学习

数据和硬件是人工智能的基础，而算法是人工智能的核心。在人工智能发展史上，两个转折点尤其值得关注：一个是研究方法由符号主义转向统计模型，自此开辟了人工智能发展的新路径；另一个是深度学习凭借绝对优势颠覆了其他算法的设计思路，突破了人工智能的算法瓶颈。深度学习即深度网络学习，它受人类大脑神经结构的启发，由一组单元组成，每个单元借由一组输入值产生输出值，该输出值又继续被传递到下游神经元。深度学习网络通常使用许多层次，并在每层使用大量单元，以便识别海量数据中极其复杂和精确的模式。深度学习将程序员从构建模型的复杂活动中解放了出来，并提供一种更优化、更智能的算法，能够自动从海量数据库中进行自我学习，自动调整规则参数并优化规则和模型，识别准确率极高。自学习已成为机器学习的主流方法。

三、人工智能教育应用的现状分析

逻辑推理、知识表示、规划和导航、自然语言处理和感知是人工智能的主要问题空间。在教育问题的解决与应用中，人工智能主要有四大应用形态：智能教学系统、自动化测评系统、教育游戏与教育机器人。

（一）智能教学系统

智能教学系统（ITS）由早期的计算机辅助教学发展而来，它模拟人类教师实现一对一的智能化教学，是人工智能技术在教育领域中的典型应用。典型的智能教学系统主要由领域模型、导师模型和学习者模型三部分组成，即经典的"三角模型"。领域模型又称为"专家知识"，它包含了学习领域的基本概念、规则和问题解决策略，通常以层次结构、语义网络、框架、本体和产生式规则的形式表示，其关键作用是完成知识计算和推理。导师模型决定适合学习者的学习活动和教学策略。学习者模型动态地描述了学生在学习过程中的认知风格、能力水平和情感状态。事实上，ITS 的导师模型、学习者模型和领域模型正是教学三要素——教师、学生、教学内容的计算机程序化实现。其中，领域模型是智能化实现的基础，导师模型则是领域模型和学习者模型之间的桥梁，其实质是做出适应性决策和提供个性化学习服务。导师模型根据领域知识及其推理，依据学习者模型反映的学习者当前的知识技能水平和情感状态，做出适应性决策，向学习者提供个性化推荐服务。ITS 尊重学习者的个性特征，如学习风格、兴趣、特长等，满足学习者的个性化需求。ITS 根据学习者模型所刻画的个性特征，向其提供个性化的学习路径、学习资源和学习同伴等资源。美国国防高级研究计划署赞助开发的一种使用人工智能来模拟专家和新手之间的互动的数字导师系统，能够帮助学习者获得所需的技能，将海军新兵训练成为技能专家所需的时间从几年减少到几个月。

近年来,情感、元认知和动机等研究越来越受重视。神经科学、认知科学、心理学和教育学的研究表明,情感状态在一定程度上影响了学生的学习效率和态度。消极的情感状态会阻碍学生的思考过程,而积极的情感为学生的问题解决和创新进步提供了有利的条件。然而,情感缺失一直是 ITS 存在的突出问题。ITS 通过与学生的交互实现情感的感知、识别、调节与预测。根据学生情感的表现,如面部表情、声音等可察因素及可测量的行为等,采用传感器等技术获取数据。根据相关科学模型,应用人工智能的方法与技术,综合运用心理学和认知科学等知识进行情感推理,这便是情感识别或情感计算。研究表明,系统通过对话的方式对学生进行的情感调节具有积极效果。

ITS 中的导师模型模拟人类教师实现一对一个性化教学的过程即是适应性教学策略选择和个性化资源推荐算法的实现过程,适应性教学策略选择是个性化资源推荐的前提。在适应性教学策略的选择方面,这种适应性表现为多个层次:从适应性应答学生的表现,适应学生的知识水平,帮助学生取得具体目标,到对学生的情感状态做出适应性干预调节,提供适应学生元认知能力的帮助。事实上,ITS 要模拟人类教师凭借经验进行决策的复杂过程具有一定难度。人工智能引发了教育领域的数据革命和智能化革命,数据驱动的智慧教学与智能决策正在成为教育教学的新范式。

(二)自动化测评系统

评价是教学活动的重要组成部分。自动化测评技术的应用引发了评价方法和形式的深刻变革。自动化测评系统能够实现客观、一致、高效和高效用的测评结果,提供即时反馈,极大地减轻教师负担,并为教学决策提供真实可靠的依据。

1. ICT 技能与程序作业的自动化测评系统

ICT 技能培训与程序设计是计算机教育领域的重要内容。ICT 技能是信息背景下的基本素养。在文字编辑、电子表格数据处理、收发邮件、制作演示文稿和网页等技能的学习和培训过程中,ICT 自动化测评系统所构建的信息模型通过信息获取、知识推理和综合评价三个步骤,动态跟踪用户的操作行为,并对操作过程进行诊断、评价和反馈，极大地提高了学习效率。

计算机程序设计是培养计算思维的有效途径，程序作业通常由学生上机完成。程序设计语言有其自身的语法规则。动态程序测评能够获取程序编译和运行时的信息，分析程序的行为和功能，从程序的功能和执行效率出发展开综合评价。静态程序测评先对程序代码进行信息提取，然后将程序以中间形式表示，预测程序所有可能的执行路径与结果，利用知识发现技术实现对程序的评价。国内外已经实现自动化测评的程序设计语言包括 Java、C/C++、Python、Pascal、汇编语言、脚本语言和数据库查询语言等。

2. 自动化短文评价系统

短文写作是当前很多标准化测试的基本要求。随着人工智能技术的发展，自动化短文评价系统运用自然语言处理技术和机器学习等技术实现对短文本的计算分析和语义理解。美国教育考试服务中心（ETS）设计和举办多项大型标准化考试，如 TOEFL、SAT、GRE 等。ETS 始终致力于测评理论、方法和技术的研究，尤其在自动化测评领域一直处于前沿。目前，ETS 已经实现了语音、短文、数学等领域的自动化评价与反馈。在其产品中，TextEvaluator（文本赋值器）是一种全自动化的基于 Web 的技术工具，旨在辅助教师、教材出版商和考试开发人员选取用于学习和测试的文本段落。TextEvaluator 超越了传统的句法复杂性和词汇难度的可读性维度，解决了由内聚性、具体性、学术导向、论证水平、叙述程度和交互式对话风格的差异而导致的复杂性变化。另外，E-rater 引擎用于学生作文的自动化评分和反馈。在设定了评价标准之后，学生可以使用 E-rater 来评估他们的写作技巧，并确定需要改进的地方。教师可用 E-rater 来帮助学生独立发展自己的写作技巧，并自动获得建设性的反馈意见。除了提供短文的整体得分，E-rater 还提供关于语法、写作风格和组织结构等的实时诊断和反馈。

3. 自动化口语测评系统

自动化口语评价系统运用语音识别等技术实现了多种语言口语语音的自动化测试与评价，其中声学模型和语言学模型是语音识别的关键。ETS 的 Speech Rater 引擎是应用最广泛的英语口语测评引擎之一。其测评任务并不限定范围和对象，开放性是其最大特点。该引擎可以用于提高发音准确性、语法熟练度和交际的流利程度。SpeechRater 引擎使用自动语音识别系统处理每个响应，该系统特别适合母语非英语的学习者。基于该系统的输出，使用自然语言处理和语音处理算法在许多语言维度上定义语音的一组特征，包括流利程度、发音、词汇使用情况、语法复杂性和韵律，然后将这些功能的模型应用于英语口语测评，最终得出分数并提供反馈建议。

对于我国的英语教学来说，言语环境匮乏是当前制约学生英语口语学习的最大障碍，口语评价难度较大且时效性差，加剧了英语口语教与学的难度。科大讯飞依托语音技术的强劲优势，所开发的听说智能测试系统、英语听说智能考试与教学系统和大学英语四六级口语考试系统可以促进英语听说训练和自动化测试与反馈。另外，普通话模拟测试与学习系统和国家普通话智能测试系统在推广普通话及相关考试方面发挥着重要作用。

（三）教育游戏

游戏智能是人工智能研究内容的一部分。运用深度学习技术的"阿尔法狗"大胜人类职业围棋选手，标志着人工智能技术的又一次飞跃。在教育应用领域，计算机和视频游戏不仅能提供娱乐方式，更能推动玩家在游戏中获得新的知识和技能。教育游戏具有明确、有意义的目标，多个目标结构，评分系统，可调节的难度级别，随机的惊喜元素，以及吸引人的幻想隐喻。教育游戏通过构建充分开放的游戏框架和环境，提供一种观察和认识世界的新视角。益智游戏玩家不仅使用游戏工具解决问题，还使用自己的知识和技能。在角色扮演中，玩家必须在恶劣的环境中生存和获得新的知识。在游戏环境下，对周围空间的详细研究等活动是对玩家的注意力、耐心、专业知识和逻辑思维的考验与锻炼。例如，芝加哥科学与工业博物馆的网站允许网友玩"生存模式"的游戏。该游戏专为青少年设计，专注于研究在极端情况下发生在人体内的主要身体系统的变化过程。游戏玩家不仅克服了许多障碍，还了解了人体的结构。同时，青少年学会使用鼠标和手写笔学习编写简单的生存搜索等机器人程序。

（四）教育机器人

教育机器人在教学中的应用越来越普遍。一方面，教育机器人可以培养和发展学生的计算思维能力。越来越多的学校引进教育机器人来创新学习环境，培养和提高学生的高层思维能力，并将其作为增强学生学习动机和抽象概念理解的补充工具，帮助学生解决复杂的问题。另一方面，教育机器人具有多学科性质，可以提供建设性的学习环境，有助于学生更好地理解科学知识，在科学、技术、工程和数学（STEM）教育方面发挥着重要作用。在 STEM 教学方面，机器人可以协助教师实现工程和技术概念的真实应用，将现实世界中的科学和数学概念具体化，有助于消除科学和数学的抽象性。事实上，各种教育机器人的应用推动了科学、技术、工程和数学教学的进步，机器人固有的灵活性使其在不同 STEM 教育场景中的应用取得了成功。此外，使用机器人教学有助于增强参与者的批判性思维，促进团队合作，提高沟通交流能力和创新能力。

第二节　人工智能与现代高校高等教育的教育要素

人工智能给社会带来全面的影响，社会的各个领域都逐渐将人工智能融入自身系统，教育也不例外。人工智能时代的来临，给学校教育注入了新的活力，影响着教育要素的发展与变革。下面将从教育内容、教育目标、教师、学生四个层面具体分析人工智能给教育发展带来的影响，以及其对教育变革的实际价值与现实意义[①]。

一、人工智能影响下的教育内容

就教育内容而言，当前人类正处于一个知识爆炸的时代，知识更新的速度远

---

① 张进宝，姬凌岩. 中小学信息技术教育定位的嬗变 [J]. 电化教育研究，2018，39（5）：108-114.

远超过人类学习的脚步。也就是说，如果我们以当前的社会需求去教授学生知识，那么很有可能当学生步入社会之后，其在学校学习的内容将会被淘汰。知识的更新加速使其不再以固定的姿态出现在人类生活中，这就要求学校的教学不应该仅仅关注知识本身，还要关注人类知识的长久更新，能够紧跟时代步伐。"什么知识最有价值"成了新时期教育发展不可避免要关注、探讨和解答的问题。就目前来说，人工智能无疑是这个问题最有力的解决方式。因此，教育的内容需要在人工智能的协助下，为学生提供那些经过筛选、加工和创造的具有普世价值和学科发展价值，并能推动学生长远发展的知识。

在人工智能背景下，教学内容突破了传统的课程和教材，云课程、数字教材、虚拟课堂和同步互动课堂等不再是传统教辅意义上的教学资源，已经成为教学内容的一个非常重要的组成部分。尤其是计算机有关专业，人工智能已经成为重要的课程内容。因而，课程和教材应该依据教学目标，回归基础要求，在剔除陈旧的经验性知识和凌乱的碎片性知识的同时，着重阐明学科的基本概念、基本结构和基本方法，从而构建全面深入的知识体系。除此之外，适应未来不断变化和时刻面对不确定性的学习型、创造型人才是未来社会非常需要的人才。因此，在日常教学活动中更要注重方法论的学习，教会学生如何学习，达到"授人以鱼不如授人以渔"的教育目标，改变传统的统一教材，以教会学生自己学习、自我创造为发展要求。总而言之，要根据学生的天赋、潜能、个性和兴趣来设计个性化的教学内容，未来的教学内容势必会向着去标准化、个性化和定制化的方向发展。

在人工智能影响下，随着各学科之间交流日益频繁，教育内容逐渐走向跨学科化。其根本目的在于，帮助学生以跨学科的意识进行学习，最终通过学科间的融合学习来解决现实生活中的实际问题，最终培养出能适应时代发展的创新型实践人才。在这样的背景下，知识与信息处于急剧增长的发展态势，更新速度十分迅速且很容易过时，如果教学的内容还局限于以掌握尽可能多的学科事实为目的，不仅不可能实现教育目的，而且对学生学习和发展也毫无裨益。现存的分科教学方式将人类知识分为相互割裂与独立的碎片，这样碎片化的知识虽然有利于学生记忆与储存，但却削弱了学生主动探索和了解事实背后真相的兴趣，这很不利于知识的活学活用。同时，我们要注意，即使对学科进行了分科，但按照现在的分科科学来讲，其教育内容仍涉及很多领域的知识。例如，看到同样一栋大楼，不同专业的人的认识和看法是不同的。这样的事实既可能是一个物理现象，又可能是一个数学问题，还可能是一个社会问题。因此，学生的探究活动应该是整合的，所接受的教育内容应该向跨学科的方向发展。未来，无论是科学家，还是教育家、企业家或政府官员，若要成为社会和人类需要的人才与领袖，就需要掌握跨界的智慧。所有领域未来都是跨学科和联合发展的，全部是可以互通互学的，然而这互通互学的语言就是人工智能。① 因此，人工智能的教育内容要向着整合的方向发展，同时人工智能所创造的智慧环境、智能工具使跨学科融合学习变得更加便捷快速。但是我们在此过程中也要考虑到，跨学科的教育内容并非多个学科的简单叠加，而是要将不同主题活动融合成一个整体，让学生在探究活动中得到知识的升华。跨学科教育的本质是一种思维和意识，将本学科与其他学科和生活连接起来，从而构建一种相互促进、相互沟通的新结构。帮助学生充分理解学科逻辑，在不同学科之间建立互助联系，最终在跨学科意识的推动下提高学生的创新能力。

师生共同创生的教育是人工智能发展下教育内容的一大重要变革。教学内容的创生取向和人工智能背景的特点要求在教学过程中要尽可能摆脱既定知识的限定，将教学变为一个共同创造的过程。新背景下，信息的高速流动，高频词的互动使教育知识传播的平衡得到了新的突破，原先的教师教、学生学的传统被打破，相对削弱了教育者的主导作用。教师作为知识传授者的角色显得越来越狭隘和不合时宜，取而代之的将是教师作为学生学习的组织者、引导者和合作者的角色。人工智能背景下，不论教师还是学生，每个人都应该成为知识的创造者和分享者。未来，师生、生生在共同合作、互助的探索中生成的问题将成为学校教育内容的重点。新时期的教育内容和教学内容的变革应该先体现创生性，即不同于

---

① 关新. 人工智能背景的教育：精准教育与终身学习［J］. 华东师范大学学报（教育科学版），2017（5）：14-17.

统一标准化教学的实践性与地方性，让教育的内容接地气，接近真实的学习。教育内容对教师和学生来说是实践的过程，强调在学习过程中的实践体验，在这种行为的实践过程中实现知识的创造。在传统的教学模式下，教师是实现教学目标的"工具"，是知识和态度传输、授受的"工具"，而学生只是这些教育内容的被动接受者。人工智能的引入使教师和学生都成为课程的实践者，成为自身课程的创造者和建构者。教师和学生自身的经验、创意和探索通过新技术得以放大，变为共同创造的课程的一部分，教师和学生参与课程的过程和经历本身成为了课程。大数据的引入能够改变师生生成意义的方式和师生创生文化的方式，使教师和学生可以有效地认识与评价、关联与组合，甚至是发现与创生新知识。诸如此类的改变也终将使每个学生都成为自己学习的主体，使每个学生经历、实践自己的课程，共创、共享学习过程。

二、人工智能影响下的教育目标

当前，相较于其他学科，在基础教育中开设人工智能课程，对地区经济发展水平、学校的硬件设备、学生的起始知识与能力的要求相对较高。对西部欠发达地区来说，开设人工智能课程的条件可能尚不完善。即使是在发达地区，想要开展高质量的人工智能教育也需要克服许多困难，因为如果学生刚刚开始接触人工智能，那么在教育过程中就很难进入人工智能的开发与创新层面。很显然，一个地区的经济发展状况对一个学校的硬件设备、学生起始知识和能力有着极大的影响，因而各地各校甚至是每个学生在人工智能教育中所要达到的目标是不同的，这就形成了我国基础教育阶段人工智能教育目标的分层体系。每个地区、每个学校、每个学生在开展人工智能教育时，不应盲目地追求同一目标，而应"对号入座"，找准自身在分层目标体系中的位置，有区别地发展。我们可将人工智能下的基础教育目标分为以下几个层面：

首先是初级水平，主要目标应定位于经验。这是针对经济不发达地区没有健全硬件设备、学校里不具备起始知识和能力的学生来说的。开设人工智能课程最主要的目的是让他们了解社会科学技术发展的前沿知识，并在了解知识的过程中对社会的变化有所知晓。因此，具体来说，这一层次的教育目标是：通过了解有关人工智能的基本概念、不同类型知识的不同表达、专家系统的基本结构、解释机制和解决问题的基本思路、人工智能语言的大致情况及信息的搜索等方面的知识，体验人工智能对学习者本身、学科学习及社会三方面的作用。第一，人工智能的本质含义是要让机器能够像人一样思考。第二，求解一道新的题目，作为新手可能会束手无策，但对于从事教学工作多年的专业教师来说，可能很快就会在头脑中产生解题的基本思路。第三，如果机器也能思考，会不会出现某些影视片中所描绘的诸如人类最终成为机器人的奴隶之类的情况。机器是为人服务还是最终变成人为机器服务？面对诸如记忆力等方面机器优于人类的情况，我们应该怎么看待？应该做些什么？未来的生活是怎样的？……对于这些问题的思考，学生可感受人工智能技术对人类学习、生活的重要作用，体验人工智能技术的巨大魅力，增强对信息技术发展前景的向往和对未来生活的追求。

其次是中等水平，即体验与技能并重。对于中等经济水平地区具有中等水平硬件设备、学校里拥有中等水平起始知识和能力的学生而言，人工智能教育应提高到体验层面，这是一种基于其技能发展的体验，也是人工智能课程的独特性所在。对于这一层次的人工智能教育来说，现实条件限制了它不可能指向开发与创新。换句话说，如果无视现实条件，一味地追求人工智能的开发与创新，只会让学生体验失败感。但是如果能够将人工智能教育过程中所学到的技能、方法、策略等运用到其他学科的学习或问题的解决中，则对学生来说是受益颇丰的。对知识与技能的追求，这一层次的目标不应仅是对某一概念的理解，而是要让学生学会知识表达的基本方法，了解一种人工智能语言的基本数据结构和程序结构，会使用一种人工智能语言解决简单问题，并能够上机调试，执行相应的程序。通过实例分析，知道专家系统正向、反向推理的基本原理；会描述一种常用的不精确推理的基本过程；了解用盲目搜索技术进行状态空间搜索的基本过程。

最后是高级水平状态，即新课标中的教育目标要求针对有特长的学生进行有针对性的教学。对于一些基础较好、能力较强的学生，如果学校的硬件设备许可，可以进行因材施教，逐步导入开发与创新活动。这一阶段的教育目标不仅限于书本知识的了解和掌握，更多的是以此为基点，以新观念、新视角对原有知识进行改造和创新，并将它们付诸实践。我们要清楚地知道：现实条件越好，人工智能课程的特色越强，技术的分量越重，开发与创新的味道也越重，体验所涉及的层面也越深。

三、人工智能影响下的教师

在人工智能环境下，教师的工作面临着前所未有的挑战，这种挑战不是经验的传授，而是经验的建构。第一，对经验内容进行审视。人类的经验世界不同于生理组织，大脑内部经验活动的内容无法使用设备直接探测，因此人类的行为数据在分析和洞察学习者方面依旧具有无可撼动的地位。在学校教育范畴内，从实践层面上来讲，技术对教育的影响只有改变个体水平才能提升整个群体的水平。所以，"广积粮"是当前大数据的特点，不仅数据价值密度低，还面临侵犯隐私的风险；"深挖洞"则是未来大数据的特点，表现为数据来源的选择性和典型性，以及数据维度的丰富性和追踪的长期性。由于学习者彼此的经验内容均不完全相同甚至差异极大，对未来的教师而言，对学习者的真正理解和有效教导将在个体层次上深入开展，并向真正的"个性化"教育发展。第二，对经验原理进行合理建构。不论是人脑还是通用人工智能系统的记忆，都不存在绝对保真的知识，也没有一成不变的真理，有的只是在开放环境下随时接受挑战的经验。事实上，智能主体经验空间的可塑性，决定了主体接受教育的必然性和必要性。在细节上，经验具有陈述和主观判断两个维度。其中，知识描述可以成为经验的陈述，主观判断由证据累积的"正确率"和"可信度"共同表征。可信度通常随支撑该信念的正面证据的增加而提升，但是也有对少数证据进行泛化、强化导致正确率不高但可信度极高的"似懂非懂"的情况。因而，未来教师需要借助知识空间、内隐测量、无意识测验等技术探查学生经验背后的真实主观判断。

四、人工智能影响下的学生

人工智能给学生带来了更丰富多样的网络资源及日益成熟的人工智能技术，

在这样越来越快速、便捷的技术支撑下，学生可以进行适应性、个性化的学习，而不仅仅是正规学校里的传统学习。第一，借助网络搜索所需要的任何领域的知识。维基百科、百度百科等网络知识库的内容几乎无所不包，而且准确性、正确性和及时性越来越高，其可以提供与任何学科有关的资料。第二，借助机器翻译系统阅读和学习外文资料。随着我国国际化程度的进一步提高，经济、社会、教育、文化、体育等各个领域的国际交流日益广泛，需要我们阅读一定的外文资料。当前，网上多种语言翻译系统的翻译效果越来越好，可以帮助我们翻译单词、句子和篇章，并提供词汇解释、例句、合成语音等辅助学习功能。即使没有学过某种外语，我们也可以了解该语种资料的大致含义，打破了时空的限制。第三，借助语言技术学习外语。比如，使用批改网等系统提交英语作文，得到系统即时反馈后多次修改拼写、语法和修辞等错误，直到满意。借助流利说英语、英语魔方秀等系统学习英语发音。第四，借助智能机器人学习编程，培养计算思维和创造性思维。各具特色的智能机器人系统为学习者提供了与硬件配套的可视化、模块化编程环境，如 Scratch 等。这便于我们学习控制机器人的传感器和行动装置，学习顺序、分支、循环等程序结构和并发计算，并在此基础上发挥我们的想象力和创造力，设计、搭建、开发出富有创意的作品。第五，借助智能教学系统进行某个学科的深入学习。比如，在数学方面，可以借助数学盒子、洋葱数学等智能学习平台，找到与本人知识阶段相应的内容，或者借助平台的自动推荐功能，深入学习代数、几何等领域的知识。通过平台的自测功能看到自己的进步与不足，以及具体形象的学科画像，然后继续学习系统推荐的微课，或者阅读材料等内容，或者参与系统推荐的练习，直到自己牢固掌握这些知识。第六，用适合自己学习风格的方式进行学习。学习风格作为影响学生学习的一种个性化要素，受到教育研究者的广泛关注。不同学习风格的学习者会对学习媒体产生不同的偏好。智能教学系统会根据学生在学习过程中所分析的数据，以及通过调查反馈的结果，确定学习者的学习风格，并据此向学习者推荐合适的学习媒体、方法与路径。

总之，要为学生创造一个处处都可以借助人工智能技术的学习环境，最终形成一个和谐的人机交互融合的学生生态环境。作为研究者，我们可以期许，在不久的未来，人工智能技术可以创造出更加个性化、更具适应性、更能服务于终身学习的智能普适学习环境。在这个环境中，任何人不管想学什么，都可以在任何地方学习；学习可以是个性化的，智能教学系统就像教师一样在旁边辅导；学习也可以是社会化的，就像在传统教室里一样，有竞争也有协作。

第三节　人工智能与现代高校高等教育的主体要素

人工智能与现代高校高等教育有三大主体要素，本节将对这三个要素进行详细介绍。

一、教师要素——积极探索人工智能助推教师队伍建设的新路径

（一）人工智能助推教师队伍建设的三大缘由

一是教师是推动智能教育实施的关键要素，没有教师观念的转变、能力的发展，很难实现传统教育向智能教育的跨越。2017年国务院印发了《新一代人工智能发展规划》，指出利用智能技术加快推动人才培养模式、教学方法改革，构建包含智能学习、交互式学习的新型教育体系。开展教学、管理、资源建设等全流程应用，开发在线学习教育平台和智能教育助理，最终建立以学习者为中心的教育环境，提供精准推送的教育服务，实现日常教育和终身教育定制化。二是2018年中共中央、国务院印发了《关于全面深化新时代教师队伍建设改革的意见》，兴国必先强师，面对新形势下我国踏上的新征程和背负的新使命，教师队伍建设还不能完全跟上，因此亟须革新教师培训方式，推动信息技术与教师培训的有机融合，实行线上线下相结合的混合式研修模式，提高教师队伍建设的层次和质量。三是为了响应2018年4月教育部印发的《教育信息化2.0行动计划》，该计划将大力提升教师信息素养放在重要位置，启动了"人工智能+教师队伍建

设行动"，旨在推进人工智能创新教师治理、教师教育、教育教学的新路径，推动教师更新观念、重塑角色、提升素养、增强能力。① 综上所述，实现教师队伍建设与人工智能的融合，实施人工智能助推教师队伍建设的行动迫在眉睫。

（二）人工智能助推教师队伍建设的五大体现

当下人工智能助推教师队伍建设主要体现在教师智能助手应用、未来教师培养创新、智能教育素养提升、智能帮扶欠发达地区教师和教师大数据建设与应用五个方面。教师智能助手应用可以提高教师工作效率，能够与教师合作制定教案，批改作业，并与学生互动，降低了教师的工作强度，提高了工作效能，有利于其进行创造性的教育教学活动。未来教师培养创新需要学生与重点大学联合创办新一代信息化教师实验班，从人才培养的源头入手，打造一支专业化的人工智能教师队伍，在培养方案和课程设置上充分安排人工智能的内容，培养具备人工智能等新技术能力的新教师。智能教育素养提升旨在帮助教师学习应用人工智能技术，改进教育教学能力，再从中选出一批信息化管理能力较强的优秀校长、信息技术应用能力较强的骨干教师，作为其他各地学习的标杆。智能帮扶欠发达地区教师是教育发达地区的高水平学校与偏远欠发达地区的学校建立一对一帮助模式，通过互联网技术实现远程同步智能课堂，鼓励能够应用人工智能手段的教师以多种形式到欠发达地区任教，革新当地的教育理念和教育模式，通过优质课程和人才的同步共享，助力欠发达地区的教师发展与学生成长。教师大数据建设与应用可以通过收集教师在教学、管理和科研等方面的信息，建立教师信息数据库，并将其与教师网络研修平台等系统对接，根据教师平时的教育教学特点，有针对性地推动研修工作开展，不仅有利于教师的特色化发展，还能优化教师管理流程。

（三）保证人工智能助推教师队伍建设的四大举措

为保证人工智能助推教师队伍建设，纵向来说，各级教育行政部门要上下联动，教育部的重点在于组织制定宏观政策和实施的标准与规范，并对各地加强工

---

① 贾积有. 人工智能赋能教育与学习［J］. 远程教育杂志，2018，36（1）：39-47.

作指导。地方各级教育行政部门要进一步健全工作领导体制，为实现该任务提供体制与机制的保证。横向来说，各教育部门要做好协调与配合工作，汇聚工作合力，提高办事效率。一是担任好组织引导的角色，教育部将切实做好试点工作的统筹规划，在全国范围内选出基础好的学校建立实验区和实验校，遴选基础好的大学建立实验基地，引进信息化和人工智能等领域的企业或专业机构，参与技术创新、产品开发、平台建设，强化外部资源整合。二是加强经费保障，除了教育部出资之外，还要多渠道、多方式筹集资金，地方政府要加大对教育财政的投入力度，鼓励本地优秀企业家投资人工智能产业。三是加强专家指导，教育部将在相关企业、大学和科研机构遴选出人工智能教育教学、人工智能管理和人工智能研发等相关领域的专家，成立负责方案编制、指导与监督的专家组。四是做好督查落实工作，对于试点区域成果的检测，教育部将采取专项督查和第三方评估等方式，对工作进行检查评估和验收，发挥好"督导评估、检查验收、质量监测"的职能。

二、学生要素——实践素质教育，以培养全面发展的学生为目标

（一）人工智能背景下需重点培养学生的五种高阶认知能力

在人工智能背景下，教育应着重培养学生的五种高阶认知能力，即自主学习能力、提出问题的能力、人际交往的能力、创新思维的能力及筹划未来的能力。人工智能背景下知识的获取、知识和能力的培养及教学模式都发生了突破性的变革，知识不再是封闭的，互联网技术让知识实现了共享，人人都可以通过互联网获取海量的知识，知识不再单一地由教师传授，而是由教师帮助学生寻找获取知识的途径，培养筛选知识的能力变得至关重要。同时，教学模式也出现了颠覆性的变化，教学的主体从教师变成了学生，教师不再是教学过程中的唯一中心，通过教师智能助手应用可以有效提高教学的效率，还可以通过跟踪学生的学习过程，发现学习的难点和重点，针对性地提出解决方案，真正实现因材施教与特色化教学。另外，调动学生的主观能动性成为教学的重点，培养学生制定学习计划、安排学习内容、检测学习进度和组织小组合作学习等学习能力也成为教育教学的新目标。综上所述，在人工智能背景下，记忆、复述、再现等低阶认知技能的重要性会下降，高阶认知能力的重要性会更加凸显，因此教育教学目标的制定，教学模式的变革和教育结果的评价要体现高阶认知能力的要素。

（二）人工智能背景下需重点培养学生的四大素养

随着人工智能的快速发展，学生将面临巨大挑战，人工智能作为影响社会方方面面的颠覆性技术，会对学生的生活与学习产生重大影响，学生在家庭生活、外出旅游、朋友社交等社会活动和学校生活中将体验到人工智能的环境与产品。因此，加深学生对人工智能的了解，提高对人工智能的应用能力，需重点培养学生的终身学习素养、计算思维素养、设计思维素养和交互思维素养。终身学习素养需要强大和持续的学习力，人工智能技术的演变是无穷无尽的，想要跟上背景变化的步伐，就要改变过去"前半生学习，后半生工作"的旧观念，树立终身学习的理念，推动学习型社会的建立；计算思维素养要求学习和理解人工智能，与人类相比人工智能的工作运转模式主要呈现出高度逻辑化和精细化的特点，熟练运用人工智能的首要原则是要熟悉其工作模式，因此培养学生的计算思维显得至关重要；设计思维素养要求在人工智能背景下学生执行困难任务时能创新传统路径，优化相关要素，改变组合路径，以达到产品的理想状态，因此需要培养学生的设计素养，引导学生学会抉择、学会组合、学会判断；交互思维素养主要基于人工智能背景下学生交往方式的变化，由于网络交流日益频繁，人际交往的节奏变得更快，人际交往的圈子变得更大，因此培养学生的移情能力、共享能力、协商能力和媒体素养有着举足轻重的作用。

（三）人工智能背景下需重点培养三种学习方式

科大讯飞吴晓如认为：人工智能可以将教学变为大数据分析和人工智能辅助的以学生为中心的个性化学习，为每个学生提供个性化、定制化的学习内容、方法，从而激发学生深层次的学习欲望。人工智能背景下学生成为知识获取的主导者，成为学习过程的主体，提高学习效率和质量的关键在于学生自我学习能力的挖掘，而且人工智能技术的开发对学习任务提出了更高的要求，学生不仅要学习知识还要学会与机器互动。北京景山学校计算机教师吴俊杰认为，按照现代学习理论，按照学习中智能匹配的不同方式，可以分为基于问题的学习、基于项目的学习和基于产品的学习三种形式。基于问题的学习主要适用于学校课程，它倾向于通过学习知识解决问题，是学习的最低层次。基于项目的学习产生的是一个方案，这种学习形式更加贴近生活，学习的环境也不限制在学校范围内，需要学生进行一定的社会调研和观察。基于产品的学习具备较为完整的程序，从问题的挖掘、问题的提炼、产品的设计到产品的实施等环节都需要学生亲自参与，还有可能将产品转化成全人类的共同财富，是最高阶段的学习层次。

三、学校要素——开展智能校园建设，促进教育信息化

（一）人工智能加速推动数字化校园建设

随着人工智能技术的不断推进，智慧校园的建设将进一步完备，信息化技术将充满校园的所有角落。教育教学环境产生了颠覆性的变革，教室里除了黑板之外，墙壁上都有智能显示屏，每个位置的学生都能在教室实现实时互动，投影仪等多媒体技术在教学中的应用也将更加完善。学生的课桌也将实现升级，课桌与黑板实现联合，学生可以在不离开自己位置的前提下使教师接收到个人的信息，教师也可以通过总控制台随时检测与指导学生的学习过程。学校的图书馆、体育馆和实验室等也需要重构，以个性化、便捷化、复合化的理念设计，让每个学生都能获得合适的平台和指导。未来的智慧校园将呈现出这样一幅图景：学生踏进校园就可以完成签到，离开校园自动告知家人，进入教室多媒体设备已经开启，身体不适会发出报警求助，上课开小差会收到友情提醒，练习测验后会生成学情分析报告。这些场景的实现标志着校园物理环境、教室教学环境、网络学习环境已经充分融合，实现了从环境的数据化到数据的环境化、从教学的数据化到数据的教学化、从人格的数据化到数据的人格化转变。

（二）人工智能打造充满温度的校园环境

随着经济水平的不断提高和对教育经费投入的加大，部分地区校园的校舍、实验楼、体育馆和操场等设施的建设呈现出同质化的现状，难以体现不同地区、不同级别和不同类型学校的特色，而且建筑内部也缺乏人性化的设计，只是一味

重视数量和规模的扩大，难以体现对学生的人文关怀。有温度的学校在办学理念上，应该根据该校的定位、管理者的风格和学生的特点加以确定；在学风的建设上，鼓励各个班集体制定班规班风，班干部带头做好榜样；在学习过程中，要充满体现人性化和智能化，摒弃差生和优等生的分级观念，对于学习进度较慢的同学要针对性地因材施教，对于需要接受特殊教育的学生，人工智能技术可以分析其智力和学习能力，充分开发出适合其学习的课程，为其配备专门的人工智能教师助手，提高其学习的积极性。同时，还可以充分利用人工智能技术为学生提供虚拟学习环境，让学生可以体验身临其境的学习环境，在虚拟情境中锻炼其在线获取信息、发现问题和以人工智能算法为基础提出解决问题方案的能力，还可以利用智能教学系统匹配适合学习者情感状态的最佳形式，促进学习者情感状态的转变，保证学习过程中学生深度投入。

（三）人工智能优化教育管理能力

与人工智能管理模式相比，传统的教育管理模式具有效率低和精细化不强的弊端，在一些城镇大班额的班级和偏远地区教师紧缺的情况下，教师没有精力和时间及时、全面地掌握学生的个人信息和学习记录，给学生成绩的分析和个性化学习方案的制定等过程带来了不便。基于大数据的学生管理系统可以及时接收学生的学习数据，并搜集全过程的学习数据，然后根据学生的年龄和学习成绩等各类信息形成反馈，解释和预测学生的学习表现，有利于教师了解学生的学习状态，调整教学策略和学习目标，达到提高教育质量的目的。对于学校管理者来说，人工智能技术能够构建全方位、复合型管理形态，创新教育治理新模式，开展大数据支撑下的教育治理能力优化行动，填补当前教育管理中的一些短板，优化管理过程，提高管理效率。综上所述，人工智能技术可以根据可视化的师生、生生关系，以及数量化的师、生影响力指数，使学习管理者在人工智能助手的支持下做出相应的教育管理制度调整，建立相应的激励机制，大力加强教学推进工作；建立相应的教学资源调控制度，合理规划资源，并提升教学效果；建立相应的校内师生申诉制度，及时反馈并解决教学困难。

第四节　人工智能在现代高校高等教育应用中的特征与趋势

人工智能通过知识表示、计算与理解，可以模拟人类教师实现个性化教学；依托问题空间理论，实现知识和技能的自动化测量与评价；借助自然语言处理与语音识别技术，实现对文本和口语语音的词法分析、语法判别和语义理解；通过教育游戏和教育机器人，以智能增强的方式赋予"寓教于乐"新的内涵。进一步深入分析人工智能教育应用的典型特征，并把握其未来发展趋势是推动人工智能教育应用的必要条件。

一、人工智能在现代高校高等教育应用中的典型特征

人工智能在教育应用中的典型特征突出体现在以下五个方面：

（一）智能化

智能化是教育信息化的发展趋势之一。海量数据蕴藏着丰富的价值，在知识表示与推理的基础上，构建算法模型，借助高性能并行运算，可以释放这种数据的价值与能量。未来，在教育领域将会有越来越多支持教与学的智能工具，智慧教学将给学习者带来新的学习体验。在线学习环境与生活场景无缝融合，人机交互更加便捷智能，泛在学习、终身学习将成为一种新常态。

（二）自动化

与人相比，人工智能更擅长记忆、基于规则的推理、逻辑运算等程序化的工作，擅长处理目标确定的事务。对于主观的东西，如果目标不够明确，人工智能则较为困难。例如，数学、物理、计算机等理工科作业的评价标准客观且容易量化，自动化测评程度较高。随着自然语言处理、文本挖掘等技术的进步，短文本类主观题的自动化测评技术将日益成熟，并应用于大规模考试。教师将从繁重的

评价活动中解放出来，从而有精力专注于教学。

（三）个性化

基于学习者的个人信息、认知特征、学习记录、位置信息、媒体社交信息等数据库，人工智能程序可以自学习并构建学习者模型，并从不断扩大更新的数据集中调整优化模型的参数，还可针对学习者的个性化需求，实现个性化资源、学习路径、学习服务的推送。这种个性化将逐渐呈现出客观、量化等特征。

（四）多元化

人工智能涉及多个学科领域，未来的教学内容需要满足其发展需要，如美国高度重视 STEM 学科的学习，我国政府高度重视并鼓励高校扩张和加强人工智能专业教育，形成"人工智能+X"创新专业培养模式。从人才培养的角度分析，学校教育应更强调学生多元能力的综合性发展，以人工智能相关基础学科理论为基础，提供基于真实问题情境的项目实践，侧重激发、培养和提高学生的计算思维、创新思维、元认知等能力。

（五）协同化

短期来看，人机协同发展是人工智能推动教育智能化发展的一种趋势。从学习科学的角度分析，学习是学习者根据自己已有的知识去主动构建和理解新知识的过程。对于人工智能来说，新知识是它们所无法理解的，所以在这种时候学习者就需要教师的协同、协助和协调。因此，在智能学习环境中，教师的参与必不可少，人机协同将是人工智能辅助教学的突出特征。

二、人工智能在现代高校高等教育应用中的发展趋势

人工智能在教育中的应用特征为推动人工智能与教育的融合创新发展指明了方向。在当前国家大力发展人工智能的政策引领下，不仅要从本质上认识人工智能的核心要素与驱动力，把握其典型应用特征，还要能够顺应其发展趋势。以数据驱动引领教育信息化发展方向，以深化应用推动教育教学模式变革，以融合创新优化教育服务供给方式，将是人工智能教育应用未来的发展趋势，也是人工智能背景下教育发展的鲜明任务和重要机遇。

（一）以数据驱动引领教育信息化发展方向

人工智能技术在教育领域的深入应用推动着信息技术与教育的融合创新发展。纵观人工智能在教育领域的应用发展历程，从早期基于规则的知识表示与推理，到今天基于深度学习的自然语言处理、语音识别与图像识别，"智能"的习得已经由早期的专家赋予演变为机器主动学习获取。除了算法模型的显著改进，作为模型的训练数据集，大数据为人工智能添加了十足的动力燃料。大数据智能以数据驱动和认知计算为核心方法，从大数据中发现知识，进而根据知识做出智能决策。数据已经成为产业界争夺的焦点，数据驱动的智能决策与服务已经成为学术界研究的热点。在教育领域，数据可以解释教育现象，也可以揭示教育规律，还能够预测未来趋势。数据驱动的方法推动着教育研究从经验主义走向数据主义和实证主义。因此，教育数据革命已经到来，数据驱动的人工智能将引领教育信息化发展的新方向。

（二）以深化应用推动教育教学模式变革

人工智能在教育领域取得如此大的成就，技术引领是关键。不难看出，人工智能在教育领域的应用具有较强的场景性。也就是说，这种应用是针对教育实践活动中的具体问题展开的，具有明确的问题空间和目标导向。因此，这种由应用驱动的技术与教育的融合发展，是技术在教育领域中的一种深入应用。例如，在自动化口语测评中，针对具体的语言语音对象，在语音识别技术的基础上，应用语音测评技术实现对学生口语的自动化评价。人工智能技术在教育领域的深化应用，创设了强感知、高交互、泛在的学习环境，为学生的知识建构提供了良好条件，为创新型教学模式的发现和运用提供了空间。

（三）以融合创新优化教育服务供给方式

人工智能在教育领域中的应用实现了跨学科、跨领域和跨媒体的融合创新。人工智能与神经科学、认知科学、心理学、数学等相关基础学科的交叉融合，联合推动了教育领域人工智能技术的发展和应用。此外，人工智能本身的发展离不开人工智能教育和培训，这种教育需要建立于 STEM 学科融合的基础之上。人工智能与教育两者相辅相成，互相促进。跨领域推理融合了多个领域的数据与知识，奠定了强大的智能基础。跨媒体感知计算以智能感知、场景感知、视听感知、多媒体自主学习等为依托，旨在实现超人感知和高动态、高纬度、多模式分布式大场景感知。人工智能技术与教学内容、教学媒体和知识传播路径的多层次融合，突破了传统教育方式的限制，提供了跨学科、跨媒体、跨时空的智能教育服务，是建设"人人皆学、处处能学、时时可学"学习型社会的有效途径。

参考文献

［1］黄贤明，梁爱南，张汉君．"互联网+"背景下高等教育信息化的改革与创新研究［M］．长春：东北师范大学出版社，2018.

［2］林榕．大数据背景下高校教育管理信息化发展与创新研究［M］．长春：吉林大学出版社，2019.

［3］李娜．大数据时代高等教育规范化管理研究［M］．北京：中国纺织出版社，2019.

［4］张坤颖，李晓岩．大数据环境下的人工智能教育应用［M］．北京：学苑出版社，2019.

［5］陈桂香．基于大数据的高校教育管理研究［M］．北京：科学出版社，2018.

［6］张会丽．教育信息化2.0时代的智慧教学新探索［M］．长春：吉林科学技术出版社，2019.

［7］郝伟．大数据时代下信息化教学的实践与应用［M］．北京：北京工业大学出版社，2019.

［8］刘学敏．信息化教学技术与实践［M］．哈尔滨：黑龙江大学出版社，2018.

［9］卢新吾．当代高校教育教学管理科学研究［M］．长春：吉林大学出版社，2010.

［10］戴英霞．"教育教学信息化"的国家政策变迁——基于 Nvivo 的政策文本分析［D］．石家庄：河北师范大学，2020.

［11］邓凤明．大数据生态系统在《大数据分析与应用》实验课程体系中的应用研究［D］．北京：中央民族大学，2019.

［12］左凌慧．极课教学软件促进中学课程教学管理创新及实际效果研究［D］．成都：电子科技大学，2018.

［13］周海涛．教育教学信息化在唐山市高职排球教学中的应用研究［D］．石家庄：河北师范大学，2016.

［14］张汝坤．高等教育数学信息化资源管理方法的研究［D］．大庆：东北石油大学，2012.

［15］勾晓红．大数据时代"区块链+高等教育"信息化建设的研究［J］．江西电力职业技术学院学报，2022，35（7）：61-63.

［16］张雪．大数据时代高等教育管理的信息化建设［J］．科教文汇（上旬刊），2021，541（25）：20-21.

［17］刘明波，王从兵．大数据时代下的高职院校教育教学管理信息化策略［J］．中阿科技论坛（中英文），2021，28（6）：93-95.

［18］孙庆．在大数据时代高等数学信息化教学改革的探究［J］．信息系统工程，2020，318（6）：175-176.

［19］王桔，李现红，李肖晓．大数据时代下的教育教学管理信息化策略［J］．计算机产品与流通，2020（7）：278.

［20］叶春云．分析云计算与大数据时代下的高校教育教学管理信息化策略［J］．中国多媒体与网络教学学报（中旬刊），2019（7）：17-18，21.

［21］佟艳芬．大数据时代高等教育管理信息化建设途径探讨［J］．智库背景，2019，192（24）：4-5.

［22］陈琦光．探索大数据时代高等教育管理信息化建设途径［J］．北极光，2019，258（4）：180-181.

［23］谭正，孙泽宇．云计算与大数据时代下的高校教育教学管理信息化策

略［J］．企业科技与发展，2018，444（10）：149-150．

［24］万艳．云计算与大数据时代下的高校教育教学管理信息化策略［J］．传播力研究，2018，2（12）：245．

［25］项丹．云计算与大数据时代下的高校教育教学管理信息化策略［J］．中国成人教育，2017，415（6）：40-43．

［26］冯志坚．大数据时代高等教育管理信息化建设途径探索［J］．科教导刊（上旬刊），2017，298（10）：22-23．

［27］程桂龙．大数据时代高等教育信息化的困境与选择［J］．湖北成人教育学院学报，2015，21（4）：4-7．

［28］罗军锋，锁志海．大数据时代的高等教育信息化［J］．中国教育信息化，2014，316（1）：8-9．

后 记

信息技术不断推陈出新，方兴未艾。教育的现代化，尤其是高等教育教学的现代化正在进行。在大数据时代，继续深入探讨高等教育教学的信息化仍是一个值得研究的重要话题，它关乎新时代人才能力与素养的培育和提升，更关系着未来世界范围内的人力资源储备与人才竞争。

本书从教育现代化中寻找到了一个微小的切入点，希望以大数据时代高等教育教学信息化为研究对象为教育现代化的持续推进添砖加瓦。在研究范围及研究的深入程度方面，本书仅触及教育现代化的表面，更多深刻的、本质的问题有待进一步深入挖掘与突破。

深切期望学界广大同仁用智慧与热情持续推进信息时代高等教育教学的稳步发展，全面提升教育的现代化水平，促进新时代我国教育事业的蓬勃发展。